お宝不動産セミナーブック

サラリーマン大家さんが本音で語る

中古マンション投資の極意

芦沢 晃 Akira Ashizawa

筑摩書房

装丁　井上則人デザイン事務所

お宝不動産セミナーブック刊行にあたって

沢孝史

２００４年、拙書『お宝不動産で金持ちになる！』（筑摩書房）の刊行をきっかけに、読者の皆さんと直接交流をしてみたいと手探りで始めたのが「お宝不動産公式セミナー」です。最初は私自身のセミナーだけで終わりにしようと考えていましたが、参加者の皆さんの熱意に励まされ、不動産投資に関係する知識や経験を有する方をお招きして、活動を続けています。

お宝不動産セミナーは真に役立つものとなるために次のポリシーに基づいて運営しています。

●業者側の利益誘導ではなく、**個人投資家の立場でアドバイスすること**
●机上の空論ではなく、**実体験に基づいた内容であること**
●実際にこれから始めようとする人にどうしたら良いのか、**指針を提示すること**
●良い話だけでなく、**リスクについても包み隠さず言及すること**
●勉強し、リスクも理解したうえで挑戦しようとする人を**熱意を持って勇気づけること**

セミナーに参加できる方は限られますが、不動産投資を志す人たちは全国にいて、必要な知識をいつも求めています。そこでこの度、セミナーのエッセンスを多くの人に伝えるために書籍化を企画しました。その第一弾である本書は、圧倒的な支持を受けた芦沢晃氏のセミナーに、さらに詳細な最新の情報を加えたものです。

「中古マンション投資で、芦沢氏に匹敵するものはいない」と私は確信しています。彼は私と同じ現役サラリーマンですが、今では年間1000万円を超えるキャッシュフローを得ています。とはいえ、その道のりは平坦なものではありませんでした。本書はその貴重な経験を元に試行錯誤のうえで作り上げた**「中古マンションの最適投資手法」**を明らかにしています。

理工系エンジニアである彼は、できればお金のことなど考えたくないと思う、ごく普通のサラリーマンです。しかし、論理的思考の持ち主である彼は、あるとき自分の生涯の家計を計算してみたのです。結論は**「平均寿命を待たずに家計が破綻」**という衝撃的な結果でした。**生きがいを持てるサラリーマンであり続ける**ためには、この金銭的リスクを解消しなければなりません。彼が**生活防衛のために選んだのが中古マンション投資**でした。その後、実際にリストラという困難に直面しますが、今も生活レベルを落とさずやりたい仕事をしています。

本書はそこに至る経験やノウハウにとどまらず、彼の本業である理工系エンジニアとしての緻密な分析力によって、**ごまかしのない中古マンション投資の真実**を伝えています。

現役サラリーマンだからこそ伝えられる貴重なメッセージがこの本にはあります。激動の時代を生きるサラリーマンにとって、本書が経済的安定のためのマイルストーンとなることを切望します。

目次

第3章　シミュレーションの力で見極める　109

第4章　物件探しから購入まで　145

第7章　実戦に役立つヒント集　235

終章　249

序章　なぜ不動産投資をするのか

「芦沢君、ちょっと。」

ある日、上司から会議室に呼ばれて、こう言われたのです。

「もう会社に来なくていいよ。」

まるでTVドラマの1シーンのような光景が私の目の前にありました。

20年以上残っている住宅ローン、要介護度4のアルツハイマー病の老親の介護、子供の教育費……将来の不安が、私の頭を瞬時によぎりました。でも、私の横にはもう一人の傍観者、むしろこの状況を楽しんでいる自分がいました。

まだ小さかった昭和30年代、台風警報が出ると普段は使わない雨戸を閉めて、「我が家は大丈夫！」と言う父の声を聞き、なぜか台風が来るのを楽しんでいました。その当時を思い出し、目の前にある経済的な台風に対しても「この時のために準備していたものが私にはある」「我が家は大丈夫だ」と確信していたのです。

その数か月後、深刻な顔で話を切り出した上司には申し訳ないような気になりつつも、私たちは一家そろってハワイのホテルのテラスで、心地よい海風と輝く陽光を体いっぱいに感じながらランチを楽しんでいました。勤続21年で突然の指名退職を受け、46歳での早期退職記念旅行です。昼はハナウマベイでシュノーケリング、夜は趣味のアマチュア無線。アメリカのラジオライセンスを取得しているので、ホテルに設置した手製のオリジナル無線機材を駆使して、世界の仲間との交信を堪能する毎日でした。

さえないリストラ中年サラリーマンが、なぜリゾート気分を存分に楽しめたのか?

実は私には、サラリーマンとしての給与を上回る、マンション投資からの家賃収入があったからです。そして現在は、自分の好きな専門技術を活かして再就職し、やりたい仕事をしています。サラリーマンとしての年収は4割ダウンしましたが、リストラ前の生活レベルを落とすこともなく、家族全員が以前と変わらず安定した生活を送っています。

もし私が、会社からの給与収入だけで生活するサラリーマンだったら、とてもこのような経済的、精神的なゆとりはなく、ハワイ旅行にもいけなかったでしょう。マンション投資が私の窮地を救ってくれたのです。でも、その道のりはけっして平坦なものではありませんでした。

●経済音痴の私が不動産投資を始めた理由

昨今よく耳にする不動産投資の成功者は、経済や不動産の専門家として、その方面での職業スキルが豊富な方々が多いようです。いっぽう私は、理工学部で電気工学を専攻して、電気メーカーで働いている根っからの開発設計エンジニアです。学生時代はもとより、社会人となってからもおよそ金融・経済関係には縁がない、全くのド素人といえます。お金には無関心なまま、好きな電気技術の仕事で働き、もらった給与の範囲内で生活をする。それが幸せだと感じながら人生を送っていた、経済音痴のサラリーマンでした。

そんな私が初めて不動産とかかわったのは、30代の始めでした。独身寮を出て、初めてのマイホームとして2DKの小さな中古マンションを購入したのです。それはちょうどバブルのピーク期でした。その後、家族が増え、もう少し大きな戸建住宅に買い換えようと考えました。すると今度はマンションの価格が暴落していて、売ったとしてもローンの借入残高が返済できないことがわかりました。売れば負債だけが残ります。泣く泣く売却を断念して自宅を賃貸し始めたのですが、これが私がはじめて手にした家賃収入でした。

しかし、あまりに高い価格（八王子の2DKを2800万円）で購入したので、賃貸したところで家賃収入だけではローンの返済額に足りません。ローン返済と家賃の差額が毎月の家計に重くのしかかってきます。

何とかしなければ！と思い悩んだ末に考えついたのが、中古ワンルームマンションへの投資でした。家賃収入を生み出してくれる小額の中古マンションを、少しずつ時間をかけて買い足していきました。その結果として、約10年経った現在では、経費などを支払った後にのこる手取りの家賃収入がサラリーマンとしての給与を上回り、年間で約1000万円となっています。

●着実に成果をあげるにはコツコツと

私はもともと資産とは無縁で、不動産屋さんや銀行とも特別な関係は持っていません。もちろん、投資の経験も才能も皆無でした。

では、なぜ手取りの家賃収入が、年間で1000万円にも達しているのでしょうか。

私がやってきたのは、サラリーから貯金した資金を複利で運用し、ワンルームマンションに投資して家賃収入を貯めていき、それを再び投資して複利で運用する、というきわめて地道で単純な繰り返しを長い時間かけて根気良くおこない、コツコツと積み上げて行ったに過ぎません。ですから、読者の皆さんが財産や金融機関と無縁であっても、実行可能な方法です。

まずはサラリーマンとしての給与を貯めて元手をつくり、時間をかけて堅実に複利運用することを心がけてください。その間に物件研究をかさねて、最初の1室を購入してみてください。そこから上がる家賃収入と給与を貯めていき、さらに複利運用して、次を買い足していきます。はじめは専門的で難しく思える賃貸運営のノウハウなどの必要な知識は、物件を所有すれば自然と身についてくるものです。

これからお話しするのは私の実体験ですので、紆余曲折あり、挫折ありです。全くの経済音痴だった私でもこの程度はできましたので、読者の皆様ならもっと短時間にもっと効率良く実行できると思います。

昨今の不動産ブームの中で、サラリーマンが億単位の物件をすべて借入金で購入するケースも見られます。そのような投資法も否定はしませんが、私の投資法はリスクを最小に抑え、地道に成果を上げることをめざします。私が手探りで重ねてきた経験の中からエッセンスを読み取って、皆さんなりの投資法を再構築して頂ければ幸いです。

●サラリーマン人生をまっとうするために

ロバート・キヨサキ氏のベストセラー『金持ち父さん　貧乏父さん』（筑摩書房）に触発されて、「不労所得を得て経済的自由を獲得したい」と願う人たちが増えています。しかし、中にはキヨサキ氏の考えを取り違えて、「経済的自由＝不労所得＝働かないことを目指す」と短絡的に考えてしまう人たちもいます。

確かに私が投資をする目的も経済的自由を得ることですが、目指すのは「何もせずに働かないこと」ではありません。**私が目指すのは、「経済的な問題を気にせず、好きな仕事を選べるようになること」です。**そして今、私はリストラを乗り越え、好きな仕事でサラリーマンを再スタートしています。

もし私に不動産収入がなければ、生活費を捻出するために意に添わない仕事や地域を選ばなければならなかったかもしれません。給与は減少しても、ポストや年収にこだわらずに、自分の好きな専門技術を生かせる再就職先を選ぶことができたのは、とても幸運だと感じています。

そして、何より得がたい精神的安定を得ることができました。
不動産投資が、リストラで窮地に陥った私のサラリーマン人生を救ったのです。

●私の投資10か条

ここで、私の基本スタンスをご紹介させて頂きます。

1．まず生き方を考える

お金について考えると、だれもが結局は、自分の生き方を考えることに行き着くと思います。私の場合も、自分の人生についてライフスケール（線表スケジュール）を描いたことが3回ありました。社会人になったとき、結婚したとき、そして自宅を購入したときです。就職時に計画した人生設計を、結婚時にもう一度検証してみたのですが、給与収入から貯金を積上げていくシミュレーションをパソコンで緻密にしてみると、なんと**平均寿命までに家計が破綻するという結果が出て唖然とし、人生設計と資産運用の必要性を痛感しました。**

自分は何を目的に生きていて、いつ、何を、どうしたいのか？　その長期計画から考えて、いつ、いくらのお金が必要なので、どうしたら良いか？　それを確認しておかなければなりません。私の場合は、**専門技術で身を立て、家族を支え、社会貢献することが基本**と考え、その場合に発生する**金銭的リスクを投資で補う**ことに決めました。

読者もご存知の邱永漢氏は、「世の中にはお金の儲かる仕事と、いくら努力しても儲からない仕事の2種類がある」「個人でも、労働者から資本家への発想の転換が必要」と言っていますし、ロバート・キヨサキ氏も「キャッシュフロー・クワドランドのBかI、つまりビジネスオーナーか投資家にならないとお金は増えない」と言っています。

これらを読んで、改めて電気メーカーのエンジニアというポジションを多面的視点で自覚できました。そういえば、「アースとノイズの大家」で著作も多いメーカー出身の伊藤健一先生から大学で講義を受けた際、「君たちは将来、電子産業のエンジニアになるだろうが、仕事は給料でなく、面白さでやらないとだめだよ」と教わったことを改めて思い出しました。

個人がお金持ちになることと、仕事に意義を見出すこと、そして幸せな人生を送ることは、必ずしも一致しないと、何度かライフスケールを描いているうちに痛感しました。

2. 本業はあくまでサラリーマン

このような生き方を大前提としていますので、現在、手取り家賃収入が給与年収を超えていますが、あくまで私の本業はサラリーマンです。

人は世の中との関係で生きています。自分の才能で余人に替えがたい価値で社会貢献できるものは何か、今まで自分が習得・発揮してきた専門技術者としての能力と、不動産投資の能力のどちらが高いかを考えると、答えは明らかです。電子産業技術者としてはものづくりのプロですが、不動産投資はいくら勉強しても個人投資家のひとりにすぎません。

給与年収を超えた不動産収入があっても、高度化したハイテク産業において、サラリーマンをやめて個人で独立してやっていくのは難しいでしょう。自分の技術力を発揮して社会貢献するには、高額なハイテク設備が必要ですし、多岐にわたる専門分野を統合していく組織力も不可欠です。バックアップしてくれる資本や組織なしには、何も生み出すことができません。サラリーマンだからこそ、実現できることがあるのです。

数億円の年俸を稼ぐプロスポーツ選手も、それまでの蓄財だけでもっと楽に生活することも可能なはずですが、苦しいトレーニングを重ねながら現役選手を続けています。あえて自分に試練を課してまで競技生活を続けるのは、そこにお金とは別の意義を見出しているからだと思います。私のような平凡なサラリーマンエンジニアとは較べるべくもありませんが、お金と生き方の関係では同じと思われます。

これは、ワイキキビーチで過ごしながら、このまま一生、リゾートと趣味で暮らしたとして、悔いのない人生なのか？　と自問自答して出した結論です。

3．確実にキャッシュフローを生み出すシステムを構築する

サラリーマンを本業とする人でも、それで個人の生活が安泰とはいえなくなったのが今の時代です。生身の人間は毎月一定の現金がなければ家族を養えませんが、経営者からみれば、会

社の状態や世の中の情勢によって、社員は生産調整の対象となります。わずか数年前に私を含め多くの社員をリストラした会社が、この春は史上最多の新卒エンジニアを採用します。企業とは、サラリーマンとはそうしたものだということを、肝に銘じておかなければなりません。ハイテク分野での技術革新が激しい今日、エンジニアの現役寿命は、スポーツ選手のように短いと言わざるを得ません。急変する社会ニーズと専門技術の乖離を痛感し、新技術に追いつけない自分を自覚したとき、激務に体力が持たず若手の追い上げを感じたとき、自分の意志とは裏腹にリタイアすることになるでしょう。

プロスポーツ選手や流行作家などにとって、これは当たり前のことでした。そのために、事業に出資して経営はプロに任せたり、賃貸不動産を持ったりして、収入の波に備えたわけです。これからは、サラリーマン、特に現役寿命が短いハイテク技術のエンジニアにも同じことが起こるのではないでしょうか。

それならサラリーマンも、現役時代の時間を使って、コツコツと積上げて確実にキャッシュフローを生み出す仕組みを築いておけばよいわけです。時間効率や規模の拡大を追求する必要はありません。時間がかかっても、確実にキャッシュフローを生み出してくれる、自分独自のシステムを構築することが主眼です。時間をかけることでリスクを低減できるメリットも生まれます。

給与が激減したり途絶えたりする可能性がある以上、収入の多角化による家計の安定は必須です。海外には年利回り20%を超える投資先があふれています。しかし、日本の賃貸不動産は、毎月安定した日本円の現金をもたらしてくれるため、メリットは大きいといえます。

4. システムが完備している区分所有に特化する

毎月、日本円の現金を家計に入れてくれる投資の王道は賃貸不動産だと、私は考えています。最近の不動産投資は、一棟ものの土地付きアパートの経営が流行です。投資家の手腕にもよりますが、ワンルームマンションなどの区分所有と土地付きアパートを比較した場合、アパートの方がはるかに有利な展開が可能となります。

アパート投資は、利用価値のある土地を探し、建物と設備の利用者にお金を払って頂き、最後には土地をただで手に入れることができます。中古ワンルームマンションは、個別の事情によって割安に買える都市空間の区分所有権を探し、立地と利便性の利用価値にお金を払って頂くものです。建物は耐久消費財ですから、最後に手元に残るものは何もない、と考えたほうがいいようです。

それを知りながら、私がワンルームマンションへの投資に特化する理由は、これが自分に一番合っていると考えたためです。

本業のエンジニアの仕事をおろそかにしないためには、自分の時間とエネルギーを本業へ注力する必要があります。徹夜することも休日勤務もあります。ハイテク技術の革新に伴う専門技術の進化や、ニーズの変化に伴う周辺知識の勉強に、プライベートな時間を割くことも必要です。海外でのビジネスで言わザル・聞かザルでも困りますから、苦手な英語の勉強も不可欠です。

少ない手間でできる不動産投資はないものか。

そう考えるうちに、私の投資対象は、区分所有、つまりワンルームマンションに絞られていきました。ワンルームマンションへの投資は、仲介売買、賃貸管理、維持修繕などをプロにアウトソーシングして、時間と手間をかけずに運用できるシステムが完備されているからです。完成されたパック商品に例えることができましょう。そんなパック商品への投資で儲けが出るのかどうかは、本文で詳しくご紹介します。

ここ数年、沢孝史さんの「お宝不動産」のセミナーを通じて、多くのアパート経営者の皆様にお会いしました。そこで感じたのは、成功者は時間と手間を惜しまずよく研究し、心血を注いでご自分のアパートをオリジナル商品に育て上げ、賃貸経営しているということです。アウトソーシングしている場合でも、各分野のプロのパートナーとの間に、時間をかけて築いた信頼関係をお持ちでした。

対照的な例として、予期せず親族からアパートを相続し、持て余しておられる事例も散見されます。また、知人のマンション投資家が、遠方のアパートを購入した場合もうまく行っていないようです。どうやら、システムが整備されていない人任せの出来合い経営なので、コストがかかる割には差別化できず、空室を埋めるために家賃を下げていき、利益が出ないので付加価値を付けられない、という負のスパイラルにはまったようです。

つまり、アパートは鍛えて磨ぐほどに魂が入り、切れ味が増す日本刀に例えることができます。名人の手にかかれば、名刀となり付加価値が増します。一方、素人が持ち、魂の注入をサボれば、全体が錆つきます。

これに比べ、ワンルームマンションは簡単に一定の切れ具合を確保できる、安くて便利なカッターナイフだといえましょう。管理システムに従って、切れなくなった刃を折っていくだけで、いつでも安定した切れ具合を確保できます。しかし、いつかは刃が短くなって無くなるものだということを、認識しておかなければならないでしょう。

5. リスクを考えて小額ずつ分散投資する

私のようなサラリーマンの場合、投資の資金源は給与所得です。限られた資金を効率良く再投資するには、500万円前後で投資可能な中古ワンルームが適していると考えました。一か所に大金を投資せず、エリア、立地、物件、時間などを少しずつ分散して1室ずつコツコツ投資できる点も良いと考えました。

このクラスですと、バストイレ一体型の3点ユニットがついた部屋ですが、現状では資金効率が極めて高いのです。ワンルームに入居する方が払える家賃には限界がありますが、東京近辺の便利な場所に住みたいと考えたら、月5万～7万円程度の家賃は覚悟するでしょう。このクラスのワンルームは、そうしたニーズにも合っています。

いわば燃費のいい原付バイクで、そばの出前をして稼ぐようなものです。価格も比較的安いので購入しやすく、維持費用も小額なので、空室期間のダメージも少なくてすみます。至れり尽くせりの設備がつき、毎月の維持費が何万もするような豪華マンションでは、ロールスロイスでそばの出前をするようなもので、特別なやりかたを考えなければとても儲かりません。

さらに区分所有の場合、土地、建物が共有であることも含め、様々なリスクが潜んでいます。老朽化、管理組合の運営状態、賃貸需要の変化、空室や滞納、火災や地震等の災害、不慮の事故などに対するリスクヘッジは不可欠です。その対策を、限られた資金の範囲内で実行しなければなりません。それには小額ずつの分散投資が有効だと考えています。

6．借金はしない

不動産は、銀行がそれ自体に融資してくれる貴重な資産ですが、担保としては土地が主体となります。そのためワンルームの区分所得の場合、担保価値は一般的にゼロとみなされます。最近は、一部の銀行で、特定の仲介ルートに限り、築15～20年程度までの中古ワンルームに一定の条件で融資する事例が出てきましたが、やはりまだ主流ではありません。

借金をしてレバレッジを効かせた投資をするには、経済・金融・経理・税務方面のスキルが必要です。経済変化、法律改正、金利上昇、不動産市場の急変、空室、滞納、不測の修繕出費などが起こった場合、自己資金での購入であれば家賃収入が減るだけで済みますが、借金があると資金ショートする可能性があり、最悪のケースでは破産につながりかねません。

借金をしての投資であれば、小額の自己資金で含み資産の拡大ができ、将来は楽しみかもしれません。しかし、レバレッジを効かせると、家賃収入が借入金の返済に回って、完済までの時期のキャッシュフローはわずかとなってしまいます。家計の助けとなる毎月の安定したキャッシュフローを生み出すことが目的であれば、借金をしない方が適しているのではないでしょうか。給与収入の激減や、家計の急変などの際には、余分の家賃収入があれば救われることもあるでしょう。

普段は給与で生活しながら、時間をかけて家賃キャッシュフローを再投資していけば、確実に増やせます。もし不測の大災害があっても、最悪の場合、物件を失うだけで破産はしません。サラリーマンを続けていれば生活はできますし、再チャレンジも可能です。

7．建物価値を十分残した時点で元を取る

ワンルーム投資といえば、昔は値上がりによる売却益を狙った投資方法でした。その場合、短期勝負となるので、物件の老朽化は問題にされませんでした。しかし、私の目的は毎月確実な家賃収入をあげていくことですから、投資期間としてある程度の年数が必要です。

そうした投資手法をとる場合、建物の老朽化が最大のリスクです。建物は減価償却するものですから耐久消費財と考えるべきで、いつかは必ず老朽化して建替える時がきます。投資対象が寿命の限られた商品である以上、十分な賞味期限を残して、投下資金を回収し終わる必要があります。（ここで言う寿命とは、単純に建物だけの価値でなく、賃貸商品としての価値があることを指します。）まして、全額自己資金を投入しているわけですから、投下した資金を回収するだけでなく、さらに利益を積み上げる必要があります。

これを実現する方法は1つしかありません。その物件が将来にわたってもたらしてくれるキャッシュフローの総額を計算し、それを下回る価格で購入することです。（もちろん、維持費、税金などもすべて考慮に入れます。）つまり、最終的に建物が無価値となっても儲けが出るような価格で買わなければなりません。投資マンションはなにもあせって買う必要はありませんから、この条件を満たす物件が見つかるまで、根気よく探し、条件に合ったものを購入すればいいわけです。

たとえば、築15年の中古ワンルームを購入する場合、築30年後までの約15年間の家賃収入（諸費用を考慮したキャッシュフロー累積）だけで投下資金を回収できる価格を逆算して、それよりも安く購入します。（これは専門的には収益還元法、DCF法などと呼ばれますが、難しい計算式の理解は不要です。）築30年の時点で投下資金が回収できれば、その後の選択肢も増え、出口戦略が立てやすくなります。

ちなみに、現在の日本の法律では、鉄筋コンクリート住居用建物は47年間で減価償却する規則になっています。もちろん、これは税制上の規則であり、実際の寿命とは必ずしも一致しません。また、成熟化する住宅ニーズや環境問題を考えると、建築物の長寿命化は時代の急務ではありますが、現状のルールが存在する以上、これを指針とします。

8. 複数の物件を運用する

ワンルームを1室だけ持っている場合、その1室が空室になれば家賃はゼロとなり、維持費が持ち出しとなってしまいます。しかし、所有物件を2室3室と増やしていけば、全室同時に空室となる確率は低くなり、空室リスクは低下していきます。また、所有物件は日々老朽化していき、いつかは建替えで新築購入と同程度の追加投資が必要になると予想されます。その対策としても、小額ずつ分散投資して複数の物件を持つことを目指します。

そして、投下資金の回収と利益の積み上げがおわった古いものは売却し、家賃収入を途絶えさせないために、順次築年が新しいものに入れ替えて行く必要があります。ただし、管理状態が良く、商品価値が高い物件は所有し続けるメリットがあります。

さらに、複数の物件を持つことで、不動産相場や賃貸需要の変化、物件瑕疵、災害など、様々なリスクのヘッジにもなります。

複数の物件を所有するもうひとつのメリットとしては、サラリーマンでありながら青色申告事業者として税務申告できることがあげられます。（1室でも青色申告は可能ですが、青色特別控除や専従者控除を受けるには5棟または10室以上が条件です。）各種社会保険料はサラリーマンとして会社に一部分担してもらい、各種扶養控除のメリットを享受できます。例えば、配偶者が専業主婦なら国民年金の第三号被保険者なので、保険料の個別の納付義務なしに受給権がありますし、扶養家族全員の健康保険も同様です。

一方、税金は確定申告の義務が生じますが、不動産収入については、個人事業者と同様に経費計上が可能になります。しかも、私の場合、旧自宅を購入した際の住宅ローンも給与収入だけの時代は経費計上できませんでしたが、複数の物件を現金購入した効果で黒字経営になったため、ローン金利分は土地分も含めて経費計上できるようになりました（＊）。旧自宅マンションの減価償却分も、自宅だったときにはできなかった経費計上が可能となりました。

（＊現行の税法では不動産所得が赤字の場合、借入金の利子分のうち、経費計上できるのは建物分のみで、土地分は認められていません。また、意外と知られていないのですが、サラリーマンで不動産所得が赤字の場合、確定申告時に住民税の納付方法を普通徴収・特別徴収のいずれを選択指定しても、その情報が会社へ伝わります。）

9. 入居者がすぐ決まるような立地の物件を選ぶ

投下資金を家賃収入で回収する間には、入居者が退去することもありますが、すぐ次が決まり、空室が最悪でも3か月以内で済むような立地のいいマンションを選んでおけば、ひとまず安心です。今現在の空室率が低いだけでなく、将来にわたってこのような状態を維持するためには、競合物件が今後も増えにくいことも重要となります。また、仮に近接して競合物件ができても、すぐ借り手が現れてくれるような立地のマンションを探します。

10．資金の海外運用を併用する

私がマンション投資を始めた90年代半ばから、日本の基準金利が低下したので、日本円での国内金融商品は魅力がなくなりました。また一方で企業倒産も相次いだため、全体が縮小する日本株で利益を上げるのは難しいと考えました。（事実、資金の一部を投資した日本株のうち、利益が出たのはナンピン投資した持株会だけで、2銘柄は倒産で紙くずになりました。）

そのため、給与や家賃キャッシュフローは、すぐに動かすもの以外は海外で運用しました。単純に国債の基準金利を見ても、日本が0・1％なのに対し、米国は5％、ニュージーランドなら6％程度ですから、同じパフォーマンスを出すためには日本国内では米ドルの50倍のリスクをとらなければならない理屈になります。為替リスクは、運用方法と時間により回避できると考えました。

具体的には、まずは外貨ＭＭＦを普通預金の代わりとしました。これを選んだのは、千円程度からいつでも売買できる、現地通貨ではほぼ元本が保証される、5％程度の利回りが得られる、手数料とキャピタル課税がかからない、などの理由からです。中期的には、信ずるところがあり中国株などで運用しました。さらに、私募不動産ＲＥＩＴ、海外のファンズオブファンドＲＥＩＴも期待通りの成果が出ました。

現在は、オフショア地域のヘッジファンドや、インド、ベトナムの株式ファンドを、長期運用のポートフォリオに加えています。

第１章　私の中古マンション投資法 ――家賃年収１０００万円までの道のり

前章でご紹介した投資10か条を確立するまで、実は私もずいぶん失敗を重ね、試行錯誤を繰り返してきました。当たり前のことですが、不動産は「ただ買えばよい」ものではありません。また巷に流布しているように、「利回り〇〇％の物件ならＯＫ」「この地域だったら問題ない」といった、単純な基準だけで成功できるほど甘いものでもありません。

本章では、私が経験（特に失敗）を重ねることで学んだマンション投資の教訓を、実例にもとづいてお話しします。私の歩んだ道を簡単にたどっていくことで理解していただける点も多いかと思いますので、どうかしばらくお付き合いください。

●仕事に没頭するうち浦島太郎状態に

私の父は農家の次男坊として生まれて、身一つで本家を出て小さな会社に勤め、一生財産とは無縁でした。私は、そんな借家住まいのサラリーマン家庭に生まれました。

10歳の時、理科の先生との出会いでラジオ製作に目覚め、以来、大学では電磁気学や無線工学を専攻し、奨学金で大学院へ進学しました。理工学研究科の修士課程でも好きな研究を続けて、専門を生かせる大手電気メーカーへ1983年に就職した、根っからの理工系エンジニアです。就職してからずっと自分の年収すら知らず、専門の研究開発の仕事が面白くて、徹夜も苦にせずに没頭する毎日。絵に描いたような、経済音痴の専門バカ・オタク人間でした。

独身時代は、家賃1500円の6畳一間2人同室の寮暮らしで、徹夜続きの毎日でした。遊びに行く暇もなく、入社時に始めた給料天引きの社内貯金（当時は金利6%固定でした）と財形貯蓄（一般、住宅、年金の3種すべてに加入）、そして持株会等が、知らぬ間にたまっていきました。結果として、後にこれが重要な投資の種となったわけです。でも、当時は土日、盆暮れ正月も仕事続きで、単に使う暇がなかっただけのこと。まして、投資など思いつく知恵も時間も全くありません。

ふと気づくと三十路となり、年齢制限のために独身寮を追い出されることになりました。入社時、一戸建ては1000万〜2000万円だったので、コツコツ貯まった貯金なら1軒くらいは買えるだろうと思って調べてみると、時は1989年、まさにバブルのピーク期です。いくら回りを見渡したところで6000万円出しても一戸建てなど買えません。

不動産の相場なんて、めったに見るものではありませんでしたので、たった6年間で何倍にも値上りしているという事実に直面し、まるで浦島太郎の気分でした。これからさらに貯金を続けたとしても脱兎を亀が追う如しで、とうてい追いつくことはできません。

「もっと早くに借金して買っておくんだった！」と、嘆きながらも仕方なくローンを組み、2800万円で東京郊外の2DKの小さな中古マンションを購入しました。

●バブル崩壊で自宅マンションを賃貸に出す

その6年後の1995年に、家族が増えて自宅の買い替えが必要になりました。

調べてみると、2800万円で購入した自宅マンションが、知らぬ間にたった数百万円まで値下りしているではありませんか！　わずか6年間で4分の1以下になる急落ですから担保割れをおこしていて、売っても借金が返せません。引越しさえできない事態に直面して唖然としました。バブル崩壊が叫ばれていた時期ではありましたが、まさかこんな形でツケを払わされるとは思いもよりません。浦島太郎だった私が、さらに狐に騙された気分でした。

ここに至ってようやく、「不動産の価格というものは、電気製品の価格体系とは違う世界らしい。これはお金の勉強をしないと大変なことになる！」と自分の不勉強を痛感したのです。

自宅を買い換えたくても、担保割れをおこしている場合、大きな問題が生じます。自宅を売却したら借りているローンの元金を一括返済することになりますが、値下りした価格で売却するため、売却代金だけでは一括返済には足りません。貯金を取り崩して不足分の返済にあて、それでも足りなければ、新たにローンを組んで不足分を借入れしなければなりません。それに加えて、新居購入のために住宅ローンを組む必要があります。そうなると2つのローンを抱えて、経済的に逼迫することは明らかでした。

手狭でも今の住まいで我慢するのか、大変でも2つのローンを払う覚悟をするのか、苦しい選択を迫られました。何か他に方法はないのだろうか、月々のローン返済負担を増やさないで新居に住めないだろうかと、必死に考えました。

本屋へ出かけていき、不動産やお金関係の本を片端から読み漁りました。その中で、私の頭に強烈な印象で焼き付けられたのが、邱永漢氏の『お金のエッセンス』（グラフ社）という本です。そこに書かれていることは、不動産をはじめとするお金についての普遍の法則のように感じられました。私はこの本のなかで、マンションは自分で住むほかに、他人に貸して家賃収入を得る方法が非常に有効であることを知りました。

「そうだ、今の自宅を賃貸に出せば、この自宅のローンは家賃収入でまかなえるはずだ。そうすればローン返済負担を増やさないで新居に住める。」

●「ドル・コスト平均法」の理論でマンション投資

家賃収入でローン返済できると踏んでの決断でしたが、実際にやってみると、そんなに甘くはありません。維持管理費や税金で、家計の財布から現金がどんどん流出していく有様。

そこでふと気づいたのが、入社時に始めた会社の「持株会」の仕組みです。毎月1万円ずつコツコツ積立てて自社株を買っていくことで、平均すると意外と低い買い値になっているではありませんか。高い時に株を買ってしまったら、株価が下がったときに買い足せば、トータルでは平均コストが下がり、株価が戻した時に利益が得やすくなります。毎月小額ずつ買い足すことで、つまりは「ドル・コスト平均法」というお馴染みの原理を知らぬ間に実行していたわけです。

マンションでも同じなのではないだろうか。高い時に大きな借金で買ってしまったのだから、定期家賃収入のあるマンションを安く買い足せば、ローンの返済額よりも家賃収入の方が増えて、今までとは逆に、お金が毎月家計に入るようになるはずだ。そんな何とも単純な発想をしたわけです。（この毎月家計に入ってくるお金のことを、キャッシュフローと言うのだと後で知りました。）今思うと、株式投資の「ナンピン買い」の原理で、戸数を買い増すことで家計の収支状況を改善しようとしたのが、本格的な投資活動のきっかけだったわけです。

この頃は、家計の通帳から現金が流出していく事実が恐ろしく、何とか毎月通帳に現金が入ってくるようにしないと、いつかローン破産してしまうのではないかという不安から、漠然とした概念だけを頼りに手探りで実行に移していきました。

これが私の不動産投資の始まりです。

●マンション探しを始めてみると

ドル・コスト平均法をそのまま不動産投資に適用するという考え方の根拠は、会社の「持株会」での成功体験だけでしたから、今振り返ってみれば「無知というものは恐ろしい」の一言につきます。ただ、本職が技術研究職なのもあって、理論的に正しければトライ&エラーを繰り返すことによって成果を出すことができる、という考えが身についていますので、その時から即実行に移すこととしました。

まず声をかけたのが、バブル崩壊のあとも生き残った投資用ワンルームマンションの会社です。バブル期には勢いのよかったワンルーム投資ですが、もはや誰も見向きもしなくなっていました。そんな時代に、「ワンルームを買いたいので物件を紹介して欲しい」とお願いをすると、営業マンは喜んで新築物件を紹介してくれました。

この時、自宅マンションの失敗で多少の知恵はついていましたので、新築マンションへの投資は利回りが低すぎて不利であることはわかっていました。そこで「中古なら買うので、利回りの良いものを紹介してください」とお願いしました。最初は新築を売りたがっていた営業マンでしたが、素直に中古のワンルームを4件紹介してくれました。すべてが、この会社から物件を買って、管理を依頼しているオーナーさんからの売り物件です。

紹介物件その1　鶴見線の駅1分の中古物件

最初に紹介されたのが、神奈川県川崎市のＪＲ鶴見線の駅から徒歩1分の物件でした。当時、仕事の関係から川崎への出張が多く、鶴見線のこの方面はよく行っていましたので、近隣の状況はよくわかっていました。立地としてはそれほど悪くないと思ったのですが、実際に見に行ってみると、1階が半地下になっていて、南前面わずか1メートルのところに隣のマンションが建っているという物件でしたので、すぐに断りました。

紹介物件その2　堀切菖蒲園の中古物件

2件目が東京の下町、葛飾区堀切菖蒲園の物件でした。

この物件は築年が昭和56年とやや古かったこと（当時で築15年）と、東京の下町は全く土地勘がなかったため、断りました。その後いろいろ調べていくうちに、実は下町の方が安く買える割に家賃は高く取れることを知りました。

紹介物件その3　成城の中古物件

3件目に紹介されたのが、東京の山の手、世田谷区成城の物件でした。

通学で6年間親しんだ小田急線沿線で土地勘もあります。立地は山の手の高級住宅地で文句なしだったのですが、これも昭和56年と築年が古めだっただけでなく、物件の管理状況に問題があったため断りました。実際に現地を見に行ってみると、清掃が行き届かず、エントランスはゴミだらけ、ポストはチラシであふれ返っている状態でした。

●購入物件その1　鶯谷の築浅物件をフルローンで

4件目に紹介されたのが、東京の上野・浅草近くの物件です。

山手線の鶯谷駅から徒歩15分、地下鉄日比谷線の三ノ輪駅から徒歩10分、築8年でエレベーター付き全25室のマンションの1室でした。山手線の駅から歩ける距離で、築浅、しかも2路線2駅利用可能という点は魅力でした。（今思えば、担当者は明らかに悪い物件から順に案内していったことがわかります。）

この鶯谷の物件が売りに出た経緯を確認してもらったところ、宝石商の方が平成元年に購入したものの、商売がうまく行かずローンが払えなくなってやむなく手放すということでしたので、物件には問題なしと判断して購入を決めました。

〈購入条件概要〉
物件価格　1090万円
表面利回り　6・9％
購入資金　フルローン　金利3・5％
（借入期間30年。当時は区分所有でもフルローンが可能でした）

表1　鷺谷物件の概要と収支(単位は万円)

価格	1090		
家賃	6.3	(月額)	家主代行
表面利回り	6.9	(%)	
修繕積立金	0.1	(月額)	
管理費	0.5	(月額)	
賃貸管理手数料	0.5		
年間家賃収入	68.8		
実質利回り	5.8	(%)	
固定資産税	2.7	(年額)	
総合利回り	5.5	(%)	
初期費用	79.435		
仲介手数料	40.6		
登記費用	15		
保険料	2		
不動産取得税	21.8		
投資総額	1169.4		
最終利回り	5.1	(%)	
借入金	1090		
借入金利	3.5	(%)	
返済額(生命保険料込み)	4.9	(月額)	
生命保険料込返済額	5	(月額)	
月額手取家賃	0.5	(月額)	

西暦			1996年	翌年
借入金利息(年間)			38.2	37.4
利息建物分　経費算入額			15.3	15.0
長期修繕費	0.0		0	0
専有部入退去リフォーム費用	0.0		0	0
投資総額	1169.4			
税引前 年間キャッシュフロー			-73.5	5.9
税引前 月額キャッシュフロー			-6.1	0.5
築年	1988年			
築後経過年数	8年			
減価償却年数、減価償却率	40.6年	0.032		
建物(定額法)	436	0.4	12.6	12.6
付帯設備(定率法)	130.8	0.3	18.6	15.9
計上経費			128.5	46.2
不動産所得			-59.7	22.7
所得税、地方税	税率30%		-17.9	6.8
税引後 年間キャッシュフロー			-55.6	-0.9
税引後 月額キャッシュフロー				-0.1

この物件はバブル期の新築で、当時は3000万円以上の価格がついていました。築8年とはいえその3分の1で買えて、しかも表面利回りが6・9%と、「新築ワンルームの4%よりもはるかに高利回り」だったので、お買い得感もありました。今振り返ると、1996年当時はまだバブルと比較する感覚が残っていた時代でした。

●しかし実際の収支は赤字に転落

1090万円をすべてローンで借入れるとすれば、自己資金はゼロで済みます。家賃収入は月6・3万円、管理費月5000円は入居者の負担です。毎月の支出としては、修繕積立金が1000円、委託管理手数料が5000円、ローン返済（生命保険料含む）が5万円ですから、年間の固定資産税2・7万円を支払っても、計算上は月5000円程度のプラスとなります。

これなら元手ゼロで毎月お金が財布に入ってくると予想して、購入に踏み切りました。

つまり、「表面利回り6・9%の物件」を「金利3・5%、全額30年ローン」で購入したことになります。（この金利差をイールドギャップと言います。）

しかし、実際に購入して賃貸運用してみると、どんなことが起こったでしょうか。

予期していたお金に加えて、空室時の管理費負担や、エアコンや給湯器等の急な故障修理費、入居者入替時のリフォーム代金、空室を埋めるための家賃値引きなどなど、**お金は財布から出**

てゆくばかりではありませんか！　これでは、当初の計画とは180度逆の方向に突っ走っています。何とかしないと出血は増える一方です。さらに研究を重ねて、今度はプラスになるように慎重に考えて、でもなるべく早急に、次の手を打たなければなりません。

お金が財布から出ていくという大問題に加えて、もうひとつ納得のいかないことがありました。それは、巷でよく見かけたワンルームマンションの広告のコピー、「収支が赤字なので節税できる」というアレです（＊）。「今の自分は、財布から現金が出ていく一方で、毎年、損を累積しているだけだ。どこに意味があるんだろう？」

収支が赤字であるなら、実際にも儲かっていないのではないか。これが本当に節税になり、最終的にプラスの投資となるためには、赤字分をどこかで取り返す必要があります。単年度の収支は赤字ですから、所有するだけでは赤字分は戻ってきません。ということは、この赤字を消してさらに儲けるためには、最後にマンションを高く売って売却益をあげることしかチャンスはないわけです。しかし、この時点（1996年）では物件価格はジリジリと下がり続けています。将来高く売り抜けて儲けるなど、とても考えられません。

高い授業料でしたが、「**マンションは不動産とはいうものの、自動車と同じように買ったら値下がりし続ける耐久消費財のようなものだ。**」と気づくことができたのは幸いでした。

（＊2005年6月に、サラリーマンの不動産所得損益通算制度は、政府税制調査会で廃止の検討がなされていると報道されました。今後の動向に気をつけていく必要があります。）

●このマンションには恐怖の時限爆弾が付いていた

その後、鷲谷の物件には、さらに真綿で首を絞められるような恐ろしい恐怖が隠れていることがわかりました。それは、**管理費と修繕積立金の収支状況**です。

購入当初、管理基金と修繕積立金の合計は一応400万円程度積み立っていましたが、毎年の管理費の収支決算書を入手してみると、重大な問題が発覚しました。**管理費の収支が赤字続きで、年々赤字が累積していた**のです。これでは自転車操業で、いつかは管理費が積立金を食いつぶすことは明らかです。

各戸ごとに月5000円も払っている管理費が、いったいどこに食われてしまい、なぜ200万円もの累積赤字が生じているのか？　不思議に思った私は、管理会社から管理組合の収支決算書を取り寄せて中身をチェックしてみました。

すると、エレベーターの保守点検費が年に70万円程度かかっていることがわかりました。これは年間の全戸管理費収入150万円の約半分に匹敵します。もちろんエレベーターがあった方が入居者には便利ですが、小規模のマンションでは維持費が大きな負担となります。私が自宅マンションの管理組合理事だった時、大規模修繕で老朽化したエレベーターの交換工事を実施したことがありましたが、800万円程度の総工費がかかったことを覚えています。

その他にも、1階が半地下になっているので公道下水まで揚水するための排水ポンプと、屋上の給水タンクへ水道水を上げるためのポンプがあります。合計3機のポンプの維持費とエレベーターの保守点検費がかさむため、管理費の赤字が累積しているのです。この物件は全25戸と規模が小さいため、これらの設備の維持費や大規模修繕費など、一戸あたりの負担が大きくなってしまいます。

また、このマンションの管理会社は、オーナー集会をほとんど開催していないことも分かりました。収支決算書も私が個人的にお願いして取り寄せたような状況です。やはり、管理組合の財務状況は期末ごとにきちんと全オーナーが認識し、その都度適切な意思決定とアクションを取る重要性を痛感しました。

２００５年になって、管理費と修繕積立金に関して管理組合は次のような決定を下しました。

・管理費の赤字約２００万円を、赤字会計のまま保留する。
・管理基金総額２００万円を、修繕積立金３００万円へ繰入れ合算し、合計５００万円とする。
・修繕積立金約５００万円で、屋上防水、鉄部塗装、ポンプ交換等の修繕工事を行う。

その結果、この物件は管理基金と修繕積立金のほとんどを使い果たすことによって、新築以来初めての大規模修繕を行いました。しかしながら、帳簿上は２００万円もの累積赤字を先送りしています。現在の修繕積立金は各戸毎月１０００円ですので、このまま放置しておけば必ず破綻する日がくるはずです。その時、どんな時限爆弾が爆発するのでしょうか。

時限爆弾その1　大規模修繕費用の不足

今回の大規模修繕500万円は積立金から出すことになり、オーナー負担ゼロで済みました。ですが、10数年後におこなう次回の大規模修繕は、1000万円規模の工事だとしても全25戸ですから、1オーナーあたり40万円程度の臨時負担になる可能性があります。これはオーナーにとって1年弱の家賃収入に匹敵します。

時限爆弾その2　管理費の累積赤字幅の拡大

現時点での管理費の累積赤字200万円は、1オーナーあたり7万円程度の負債ですが、管理費を値上げしなければ赤字額は毎年増加していきます。解決の目処は立っていません。

このように、初めて購入した鷺谷のワンルームマンションは、多くの問題を投げかけてきました。しかし、一度うまくいかなかったからといって、そこでやめるような私ではありません。それから数年は、次の物件の購入資金を作るために給与を貯金していきました。

●購入物件その2　用賀の財務黒字マンションを現金で

鷺谷の物件では、建物全体の経済的、効率的な管理が大切だと痛感したため、建物全体の管理運営がしっかりしていると思われる会社を調べ、全国で5万室以上を管理している新築ワンルームマンション販売のI社を訪ねてみました。

中古仲介部門の営業マンを紹介してくれるようお願いしたところ、その営業マンから用賀駅徒歩４分の物件を勧められました。営業マン自身が15年間所有している部屋の真上の部屋で、同じ間取りの物件です。実際のオーナーである営業マンが勧める物件ですから、根拠はあるだろうと期待しました。

しかし、前回と同じような小規模の物件なので、同じ失敗を繰り返さないように念入りにチェックしました。資料はI社から取寄せましたが、仲介と管理がシステム化されて新築以来の資料がきちんと揃っており、ほとんど手間をかけずに、共用部と専有部、入居者関係の資料を入手できました。これはシステム管理されているワンルームの大きなメリットです。

維持管理費が気になったので管理組合の財政収支をチェックしたところ、総戸数約30戸と小規模な5階建のマンションですが、エレベーターがないため、毎月の収支は黒字です。

さらに大規模修繕も4期に分けて実施する計画が立てられ、そのうち2回分までが完了していました。これならば、今後の維持費を負担しながら10年以上所有しても、次回の大規模修繕も安心していられそうです。築30年までの大規模修繕計画と、それに沿った修繕積立金の収支状況がA３サイズのスケジュール表にまとめられ、オーナー集会の議事録も残っていました。

鶯谷の物件のような場当たり的な対応とは雲泥の差です。

さっそく購入を決めました。問題は購入資金です。鶯谷物件はフルローンで購入したため、貴重な利回りを金利の支払いに吸い取られてしまい、手元には何も残りません。その苦い経験から、資金の手当てに苦労はしましたが、今度は思いきって現金購入としました。この物件は今も入居率100％で、管理組合の財務も毎期黒字で推移しています。

私にとっては、この物件との出会いが、投資成功へのマイルストーンになるものでした。(厳密には未だ投下資金を回収し終わっていませんので、出口を迎えてはいません。) 前述のように区分所有といえども、建物全体での運用収支が黒字であることの重要性を理解させ、選別眼を養わせてくれました。そして、それ以上に貴重な出会いをもたらしてくれたのです。

それは、成約実績によってI社とのつながりができたことです。I社には、オーナーから出た中古売り物件の情報を、まず他のオーナーに流す仕組みができているので、最上流情報を得ることができます。それに加え、Mさんという営業マンとの出会いがありました。Mさんは、もとはI社のお客さんでサラリーマン兼個人投資家だったそうですが、その手腕を買われ、中古仲介専門の社員となったそうです。ですから、何より個人投資家の視点から本当に推薦できる物件を紹介する姿勢が感じられました。

契約時にMさんから「芦沢さんはなかなか熱心ですね。これを見て研究を重ねて、青色申告のできる10室経営を目指してください」といって、I社が入居者向けに発行している賃貸募集

表2　用賀物件の概要と収支

価格	630		
家賃	6.2	(月額)	家主代行
表面利回り	11.8	(%)	
修繕積立金	0.3	(月額)	
管理費	0.5	(月額)	
賃貸管理手数料	0.7		
年間手取家賃	63.0		
実質利回り	9.0	(%)	
固定資産税	2.5	(年額)	
総合利回	8.6	(%)	
初期費用	55.745		
仲介手数料	26.1		
登記費用	15		
保険料	2		
不動産取得税	12.6		
投資総額	685.7		
最終利回り	7.9	(%)	
借入金	0		
借入金利	0.0	(%)	
返済額(生命保険料除)	0.0	(月額)	
生命保険料込返済額	0.0	(月額)	
月額手取家賃	5.2	(月額)	

西暦			1999年	翌年
借入金利息(年間)			0	0
利息建物分　経費算入額			0	0
長期修繕費	0.0		0	0
専有部入退去リフォーム費用	0.0		0	0
投資総額	685.7			
税引前 年間キャッシュフロー			4.7	60.5
税引前 月額キャッシュフロー			0.4	5.0
築年	1982年			
築後経過年数	17年			
減価償却年数、減価償却率	33.4年	0.031		
建物(定額法)	252	0.4	7.0	7.0
付帯設備(定率法)	75.6	0.3	10.7	9.2
計上経費			76	18.7
不動産所得			-13	44.2
所得税、地方税	税率30%		-3.9	13.3
税引後 年間キャッシュフロー			8.6	47.2
税引後 月額キャッシュフロー				3.9

用の雑誌を手渡されました。（インターネットはまだあまり普及していない時代でした。）

「今後はこの中から物件をご紹介できますから、普段からよく調査しておいてください。」

そこには、I社創立以来の全物件の写真、築年、総戸数、賃料相場、管理費、敷金礼金、最寄り駅からの時間が、エリア・路線ごとに掲載されています。「なるほど、賃貸募集用の雑誌でも、視点を変えれば価値の高い物件調査資料だ！」私は目から鱗が落ちる思いでした。

その後、Mさんの人事異動のときにTさんという社員を紹介して頂き、後述するように、このTさんとのご縁が、私のマンション投資発展の基礎となったのでした。

●購入物件その3　借地権でも駅前の物件は強い

同じI社の営業マンのYさんという方から、また声がかかりました。

「賃貸で人気の高い池尻大橋駅前の物件が出ましたが、どうですか？」

この賃貸物件独特のファン（？）がいて、空室になる前から次の入居希望者が決まっている状態とのこと。池尻大橋は、若者に人気の渋谷から一駅という便利な場所です。さらに駅から徒歩1分と恵まれた立地のため、このように人気があるのでしょう。この物件の1階には、おしゃれなショットバーや、I社の賃貸募集オフィスが入居しているので、賃貸付けが極めて便利である点も大きなメリットですし、住む人にも便利だろうと考えました。

ただし、借地権物件ですから、土地持分はゼロです。この場合、物件価格の全額を減価償却

表 3　池尻大橋物件の概要と収支

価格	630		
家賃	7.5	(月額)	家主代行
表面利回り	14.3	(%)	
修繕積立金	0.58	(月額)	
管理費	0.5	(月額)	
賃貸管理手数料	0.8		
年間手取家賃	73.6		
実質利回り	10.7	(%)	
固定資産税	2	(年額)	
総合利回り	10.4	(%)	
初期費用	55.745		
仲介手数料	26.1		
登記費用	15		
保険料	2		
不動産取得税	12.6		
投資総額	685.7		
最終利回り	9.6	(%)	
借入金	0		
借入金利	0.0	(%)	
返済額(生命保険料除)	0.0	(月額)	
生命保険料込返済額	0.0	(月額)	
月額手取家賃	6.1	(月額)	

西暦			2000年	翌年
借入金利息(年間)			0.0	0.0
利息建物分　経費算入額			0.0	0.0
長期修繕費	0.0		0	0
専有部入退去リフォーム費用	0.0		0	0
投資総額	685.7			
税引前　年間キャッシュフロー			15.8	71.6
税引前　月額キャッシュフロー			1.3	6.0
築年	1982年			
築後経過年数	18年			
減価償却年数、減価償却率	32.6年	0.031		
建物(定額法)	441	1	12.3	12.3
付帯設備(定率法)	189	0.3	26.8	23
計上経費			102.2	42.6
不動産所得			−28.6	42.6
所得税、地方税	税率30%		−8.6	31.0
税引後　年間キャッシュフロー			24.4	62.3
税引後　月額キャッシュフロー				5.2

費で落とせるメリットがある一方、持分は老朽化する建物だけですから、価値があるのは賃料収入だけ、ということになります。でも、土地はI社の名義になっているので、突然やっかいなトラブルが起こったりはしないと思われます。

表面利回りで14・3%、賃貸商品としての寿命を十分残していると思われる築32年時点で投下資金を全額回収できるというシミュレーション結果でしたので、購入しました。購入の数年後に大規模修繕工事を実施しましたが、総戸数が60室ほどと多く、5階建てで維持費のかかるエレベーターもないため、臨時の拠出金なしで修繕積立金の範囲内で実施できました。

購入後の賃貸状況は事前の情報どおりでした。退去者が出る前から次の入居希望者が待っている状態がつづき、現在は東証一部上場企業の借り上げ社宅として、安定した賃貸が付いています。それに加え「ぜひ売ってください」という電話や手紙が毎週のように入ります。これほどの根強い需要がある立地であれば、土地の持分がなくとも安心だと感じています。

この物件が教えてくれたことは、投資対象はマンションの1室でも、その価値は専有部という限定された空間だけでなく、その空間の利用価値、建物全体の入居者構成、立地や周辺の街並みまで含み込んでいる、ということです。

一般に、需要が強い立地の物件は、市場の法則から高価となります。そういった好立地の土地付き不動産には、個人では簡単に投資できませんが、土地がない借地権付きの区分所有であれば、稀少立地の空間権に小額で投資できるメリットがあります。借手や買手のニーズさえ尽きなければ、空間利用権だけでも価値があるわけです。極論すれば、区分所有への投資という手法をとるからこそ、稀少価値のある空間を小額で手にすることができると言えるでしょう。

●購入物件その4　バブル期分譲仕様の小規模マンション

「中野坂上に、築浅で高利回りの物件が出ました。地下鉄の丸の内線と大江戸線が通っているので、好立地ですよ」とＩ社の営業マンから紹介されました。

バブル末期の分譲仕様で、共用部の広さや作りがワンランク上です。また、１室はオーナーの実需（自分で使用すること）なので管理は良好です。唯一の欠点は、ゆったりした造りのため総戸数が16戸と少ないので、大規模修繕時の費用負担が重いという問題です。

実際に、購入後5年のあいだに4期2年間にわたる大規模修繕工事を経験しました。１棟の総額で１５００万円、１室あたりの負担が１００万円でした。その半額を修繕積立金で、残りの半額を臨時拠出でまかないました。これは１年分の家賃収入に相当します。

先の鶯谷物件に比較すると、エレベーターがない分、修繕積立金の残高が多く救われましたが、総戸数16戸といった小規模マンションの場合は、大規模修繕の際の臨時支出に耐えられるだけの賃貸需要があるかどうかが、購入の判断基準として大事になることを体験しました。バブル期に施工されたグレードの高い物件といえども、大規模修繕は必須です。この物件は、立地と賃貸需要がいいため購入以来空室がなく、幸いこの負担にも耐えられていますが、戸数の

表 4　中野坂上物件の概要と収支

価格	620		
家賃	6.9	(月額)	家主代行
表面利回り	13.4	(%)	
修繕積立金	0.3	(月額)	
管理費	0.6	(月額)	
賃貸管理手数料	0.7		
年間手取家賃	69.3		
実質利回り	10.2	(%)	
固定資産税	2	(年額)	
総合利回り	9.9	(%)	
初期費用	55.23		
仲介手数料	25.8		
登記費用	15		
保険料	2		
不動産取得税	12.4		
投資総額	675.2		
最終利回り	9.1	(%)	
借入金	0		
借入金利	0.0	(%)	
返済額(生命保険料除)	0.0	(月額)	
生命保険料込返済額	0.0	(月額)	
月額手取家賃	5.8	(月額)	

西暦			2000年	翌年
借入金利息(年間)			0.0	0.0
利息建物分　経費算入額			0.0	0.0
長期修繕費	0.0		0	0
専有部入退去リフォーム費用	0.0		0	0
投資総額	675.2			
税引前 年間キャッシュフロー			12.1	67.3
税引前 月額キャッシュフロー			1.0	5.6
築年	1988年			
築後経過年数	12年			
減価償却年数、減価償却率	37.4年	0.027		
建物(定額法)	248	0.4	6.0	6.0
付帯設備(定率法)	74.4	0.3	10.6	9.1
計上経費			73.8	17.1
不動産所得			-4.5	52.2
所得税、地方税	税率30%		-1.4	15.7
税引後 年間キャッシュフロー			13.4	51.6
税引後 月額キャッシュフロー				4.3

少ない物件は要注意でしょう。エレベーターがなくても、総戸数30室程度は欲しいものです。

この物件からは、比較的築浅のうちに投下資金を回収できる優良物件なら、維持コストなどの点でリスクが取れることを学びました。

この物件は築12年時で購入しました。購入時のシミュレーションでは、16年後の築28年で投下資金を回収し終わる計算でした。しかし実際には、賃貸需要が旺盛なので、後述する手法により、購入時の家賃保証を外して家主代行（代行管理）に切替えています。おかげで賃貸管理費が浮いた分、手取り家賃は増え、更新料・礼金も入るようになりました。シミュレーションではこれらを加えずに計算していますから、投下資金の回収にかかる期間はさらに短くなるはずです。

築浅のうちに投下資金が回収できれば、その後は利益が積み上っていきますから、戸数が少ないことによる大規模修繕費用の自己負担リスクにも、ある程度耐えられるわけです。

●購入物件その5　任意売却物件へ挑戦

用賀、池尻大橋、中野坂上と成約実績を重ねたある日、前述のＩ社のＴさんから中野の任意売却物件が出たとの連絡をもらいました。任意売却物件とは、オーナーがローンを支払えなくなり、銀行によって現金化されることが決まった物件です。このような、一見客には紹介されない上流の情報を入手するためには、「お得意さん」と認められる必要があります。

物件概要は、地下鉄丸の内線、中野新橋駅徒歩3分、ちょっと古めで築19年（83年築）。平凡な投資用ワンルームマンションです。管理状態は良好で、地元オーナーもいらっしゃるので、ワンルームのオーナー集会としては珍しく、毎年必ず複数の出席者があります。管理面での質問や意見提言も活発で、2年前に大規模修繕工事も完了しました。

最大の特徴は低価格だったことで、490万円で購入しました。ちなみに、購入時に調査した固定資産税評価額は建物専有部と土地持分の合計が435万円でしたので、評価額とさほど変わらない価格で購入できたのは、任意売却物件ならではと言えるでしょう。購入時の表面利回りは家賃保証12・8％で、購入後13年間で投下資金が回収できるというシミュレーション結果でした。それでも築年が古めのため、この資金回収時点で築34年となります。この点を改善するために、後述する方法を使って手取り家賃を上げたので、シミュレーション時には考慮していなかった礼金・更新料も入るようになり、15・2％の表面利回りになっています。その結果、投下資金の回収期間はさらに短くなる予定です。

事前に登記簿を入手してみると、売主が2500万円で購入した後、所有権が一時「街金」に移転されています。ローンが焦げ付いたため、高利のお金を無理して借り、結局ローン破綻した経緯がうかがえます。このような複雑な権利関係を整理して、綺麗な物件とするのは私のような素人の個人では不可能です。でも、Tさんは、前職が更生会社でしたのでそのノウハウをもっていました。1か月近くをかけて権利関係を整理してきちんと登記を完了し、I社の家

表 5　中野新橋物件の概要と収支

価格	490		
家賃	6.2	(月額)	家主代行
表面利回り	15.2	(%)	
修繕積立金	0.3	(月額)	
管理費	0.5	(月額)	
賃貸管理手数料	0.7		
年間手取家賃	63.0		
実質利回り	11.6	(%)	
固定資産税	2.5	(年額)	
総合利回り	11.1	(%)	
初期費用	48.535		
仲介手数料	21.7		
登記費用	15		
保険料	2		
不動産取得税	9.8		
投資総額	538.5		
最終利回り	10.1	(%)	
借入金	0		
借入金利	0.0	(%)	
返済額(生命保険料除)	0.0	(月額)	
生命保険料込返済額	0.0	(月額)	
月額手取家賃	5.2	(月額)	

西暦			2002年	翌年
借入金利息(年間)			0.0	0.0
利息建物分　経費算入額			0.0	0.0
長期修繕費	0.0		0	0
専有部入退去リフォーム費用	0.0		0	0
投資総額	538.5			
税引前　年間キャッシュフロー			12	60.5
税引前　月額キャッシュフロー			1.0	5.0
築年	1983年			
築後経過年数	19年			
減価償却年数、減価償却率	31.8年	0.033		
建物(定額法)	196	0.4	5.8	5.8
付帯設備(定率法)	58.8	0.3	8.3	7.2
計上経費			65.2	15.5
不動産所得			-2.2	47.5
所得税、地方税	税率30%		-0.7	14.3
税引後　年間キャッシュフロー			12.6	46.2
税引後　月額キャッシュフロー				3.9

賃保証システムに合う賃貸物件にまで完成させてくれました。

これは、特別なルートを持つ業者さんから、常連客にしか紹介しない任意売却物件をお世話いただいた大変有利なケースでした。それだけでなく、複雑になっていた権利関係を整理して家賃保証物件に仕上げてくれたTさんが、契約時にこんな意外なことを言ったのです。

「この立地なら空室の心配はありません。家賃保証をぜひ外してください。3年経って賃貸契約更新になったら、家賃保証をぜひ外してください。だから我が社も家賃保証するんです。代行管理にすれば、オーナー様の手取りは更に増えますから！　万が一空室になったら、家賃保証に戻せばいいんですよ。」

I社としては、家賃保証の方が高い手数料が取れるわけですが、Tさんはオーナーの立場に立ってアドバイスをして下さったのです。前述した利回りアップの理由はここにあります。このとき伝授された家賃保証と家主代行の上手な利用方法を、今は活用しています。

●購入物件その6　人気の街のレディース専用マンション

これもI社の営業マンTさんから紹介された物件です。

若者に人気の下北沢の駅から徒歩12分、新代田駅から徒歩5分という恵まれた立地にあり、女性専用のマンションで管理人常勤、オートロック、大規模修繕がほとんど完了して非常に綺麗で、南角部屋で採光も十分という申し分のない物件でした。

それは、実は、私が以前から欲しいと思って調査していた物件でした。マンション投資の本

表6　下北沢物件の概要と収支

価格	730		
家賃	5.78	(月額)	家賃保証
表面利回り	9.5	(%)	
修繕積立金	0.3	(月額)	
管理費	0.6	(月額)	
賃貸管理手数料	0.0		家賃から控除済み
年間手取家賃	64.6		
実質利回り	8.0	(%)	
固定資産税	2.5	(年額)	
総合利回り	7.7	(%)	
初期費用	60.895		
仲介手数料	29.3		
登記費用	15		
保険料	2		
不動産取得税	14.6		
投資総額	790.9		
最終利回り	7.1	(%)	
借入金	0		
借入金利	0.0	(%)	
返済額(生命保険料除)	0.0	(月額)	
生命保険料込返済額	0.0	(月額)	
月額手取家賃	5.4	(月額)	

西暦			2002年	翌年
借入金利息(年間)			0.0	0.0
利息建物分　経費算入額			0.0	0.0
長期修繕費	0.0		0	0
専有部入退去リフォーム費用	0.0		0	0
投資総額	790.9			
税引前 年間キャッシュフロー			1.2	62.1
税引前 月額キャッシュフロー			0.1	5.2
築年	1985年			
築後経過年数	17年			
減価償却年数、減価償却率	33.4年	0.031		
建物(定額法)	292	0.4	8.1	8.1
付帯設備(定率法)	87.6	0.3	12.4	10.7
計上経費			84	21.3
不動産所得			-19.4	43.2
所得税、地方税	税率30%		-5.8	13.0
税引後 年間キャッシュフロー			7.0	49.1
税引後 月額キャッシュフロー				4.1

を何冊も出している著名人が1室を所有しているので、気になっていたのです。しかし、そのような恵まれた条件なので、売出し価格が高めに設定され、売主さんも強気で指値には一切応じないようです。信頼しているTさんが強く推薦していることもあり、購入を即決しました。

その近くのエリアに、京王線の下高井戸駅があります。下北沢に較べると地味なイメージですが、その約1年前にここでも女性専用物件を紹介されました。駅の改札から駅ビル商店街が始まり、そのまま街の商店街へと続いて、物件のエントランスに到るような立地で、街並みがそのままこの物件のセールスポイントになっています。女性の視線でも確かめたかったので、妻を連れて下見に行きましたが、ここで生活する女性のイメージが沸いてくる魅力的な物件だという認識が一致したため、購入しました。

一般に、ワンルームの入居者は回転が早いのですが、女性は気に入った街には長く住む傾向があり、この物件も12年以上同じ方にお入り頂いています。また男性入居者に比べて、専有部、共用部ともに丁寧にお使い頂ける傾向があります。ただし、女性専用だとカップルではお住まい頂けませんので、この点は弱点と言えます。

下北沢物件から得た教訓は、好立地の物件へ投資する機会は、築年との時間的競争のなかで検討しなければならないということです。

値引きに応じない売主さんに出会って、買いを見送ったとしましょう。その指値分がわずか半年程度の家賃収入であるなら、半年後に再び売りが出ない限り、その物件からの収入を手に

表7　下高井戸物件の概要と収支

価格	630		
家賃	5.44	(月額)	家賃保証
表面利回り	10.4	(%)	
修繕積立金	0.3	(月額)	
管理費	0.6	(月額)	
賃貸管理手数料	0.0		家賃から控除済み
年間手取家賃	60.5		
実質利回り	8.6	(%)	
固定資産税	2.5	(年額)	
総合利回り	8.3	(%)	
初期費用	55.745		
仲介手数料	26.1		
登記費用	15		
保険料	2		
不動産取得税	12.6		
投資総額	685.7		
最終利回り	7.6	(%)	
借入金	0		
借入金利	0.0	(%)	
返済額(生命保険料除)	0.0	(月額)	
生命保険料込返済額	0.0	(月額)	
月額手取家賃	5.0	(月額)	

西暦			2001年	翌年
借入金利息(年間)			0.0	0.0
利息建物分　経費算入額			0.0	0.0
長期修繕費	0.0		0	0
専有部入退去リフォーム費用	0.0		0	0
投資総額	685.7			
税引前 年間キャッシュフロー			2.2	58.0
税引前 月額キャッシュフロー			0.2	4.8
築年	1985年			
築後経過年数	16年			
減価償却年数、減価償却率	34.2年	0.03		
建物(定額法)	252	0.4	6.8	6.8
付帯設備(定率法)	75.6	0.3	10.7	9.2
計上経費			75.8	18.5
不動産所得			-15.3	42.0
所得税、地方税	税率30%		-4.6	12.6
税引後 年間キャッシュフロー			6.8	45.4
税引後 月額キャッシュフロー				3.8

するチャンスを逃すことになります。その間、物件は確実に半年だけ老朽化し、そこから得られる将来の累積家賃期待値は低くなっています。そう考えれば、そのエリアで半年後に同じ物件が売りに出る確率が低い場合には、最初の売値で勝算ありと判断できるなら、即刻買うべきです。ただし、この判断は、その場所や物件を事前に十分にウォッチングし、よく把握している場合だからこそできるものでしょう。

下高井戸の物件では、街並みのよさが非常に勉強になりました。比較事例をあげると、私の自宅周辺は歴史ある幹線国道沿いの商店街ですが、ご年配の店主さんは次々閉店され、ここ20年でマンション街に変貌してしまいました。今ある商店街が、誰をターゲットとする、どんな商売のお店で、将来どうなるのか？　そういった点を確認するためには、自分の足で歩いて、自分の目や耳で現地調査する大切さを実感しました。

●購入物件その7　地方の低価格物件に挑戦！

ここまでに購入した物件は、地域を都内に絞っていました。そのため、利回り優先で選んでいくと、どうしても築年が古めになってしまいます。そこで、所有物件全体での若返りを限られた資金で実現するために、地方の物件にも目を向けてみることにしました。

I社の営業マンTさんの出身地である福岡で、築浅で広めの推薦できる物件がある、との紹介を受けました。その際、福岡の商習慣についても詳細な情報が入手できました。

地方の物件は、家賃がどうしても低くなりますが、修繕費は東京とそれほど変わりません。したがって、リフォーム費用の負担が得られる家賃に対して大きな割合になるため、不利なのではないかと考えていました。ところが彼によると、福岡の商慣習では入居時の敷金が5か月分で、さらに退去時のリフォームは入居者負担になっているのだそうです。それならば採算ラインにのると判断しました。

また以前からの家賃保証システムを継承しましたので、空室リスクはなく持ち出しの心配がありません。総戸数も２００戸以上あり、屋上には携帯電話基地局、共用部には駐車場があり、現在は時間貸駐車場会社にサブリースしています。そのため、管理組合の修繕積立金が潤沢で、直近の大規模修繕も負担金ゼロで完了しました。

この物件は、信頼するＴさんの紹介でなかったら、また実績あるＩ社の管理システムに組み入れられていなかったら、購入していなかったでしょう。地方物件で自分の目が十分届かず、いざとなっても現地へ急行できない遠方の場合、安定で信頼できる管理システムが必須です。さらに、Ｔさんを通して、建物全体での管理財務状況も非常に良好であることが確認できたのも決め手になりました。ちなみに、同じ物件を、あるマンション投資本の筆者の方も所有されていることが分かり、だれしも目のつけどころは同じと知ったのも大きな収穫でした。

この後、Ｔさんの薦める地方物件のなかから、安い家賃でも賃貸管理システムがあり、維持管理費を払っても利益が取れる物件を選別して数室購入し、所有物件の若返りができました。

表8　福岡物件の概要と収支

価格	450		
家賃	3.65	(月額)	家賃保証
表面利回り	9.7	(%)	
修繕積立金	0.3	(月額)	
管理費	0.5	(月額)	
賃貸管理手数料	0.0		家賃から控除済み
年間手取家賃	40.2		
実質利回り	7.6	(%)	
固定資産税	4	(年額)	
総合利回り	6.7	(%)	
初期費用	46.475		
仲介手数料	20.5		
登記費用	15		
保険料	2		
不動産取得税	9		
投資総額	496.5		
最終利回り	6.1	(%)	
借入金	0		
借入金利	0.0	(%)	
返済額(生命保険料除)	0.0	(月額)	
生命保険料込返済額	0.0	(月額)	
月額手取家賃	3.4	(月額)	

西暦			2003年	翌年
借入金利息(年間)			0.0	0.0
利息建物分　経費算入額			0.0	0.0
長期修繕費	0.0		0	0
専有部入退去リフォーム費用	0.0		0	0
投資総額	496.5			
税引前 年間キャッシュフロー			-10.3	36.2
税引前 月額キャッシュフロー			-0.9	3.0
築年	1992年			
築後経過年数	11年			
減価償却年数、減価償却率	38.2年	0.027		
建物(定額法)	180	0.4	4.4	4.4
付帯設備(定率法)	54	0.3	7.7	6.6
計上経費			62.5	15.0
不動産所得			-22.3	25.2
所得税、地方税	税率30%		-6.7	7.6
税引後 年間キャッシュフロー			-3.6	28.6
税引後 月額キャッシュフロー				2.4

●購入物件その８　憧れの田園調布で滞納トラブル

私の所有物件を「仲介で売らせてください。」と電話をくれたR１社さんの営業ウーマンから、「いつかお電話したときに、売り物を探されていましたよね！」と紹介された物件です。偶然にも、以前から出物を待っていた物件の斜め向かいだったのです。

田園調布はワンルーム自体が少なく売り物件もなかなか出ないエリアなので、さっそく週末に見に行ったところ、南向きで日当たりもよく、売値以外の条件は申し分のないものでした。希望価格は７５０万円でしたが、過去の事例を調べてみると、ひとつ上の階の部屋がしばらく前に７８０万円で売買されていたので、６８０万円で指値をお願いしました。実はこの物件にはもう一人の購入希望者がいたのですが、月曜日まで出張中で不在とのことでした。現地からすぐに売主へ電話してもらい、その場で内諾をもらうという早業で取得できました。これこそ以前から予習し検討していたエリアだったことと、現金主義の強みと言っていいでしょう。

ところが、賃貸してみると入居者の滞納が始まりました。滞納は元の自宅を賃貸した時に経験していたので、慌てることなく対処できたのは幸いでした。やはり心構えがあると無いとでは大違いです。運よく数か月後に賃貸更新を迎えたため、入居者には滞納保証保険に入ってもらうことを条件に契約更新をお願いしました。これによって滞納分が未収のまま退去となる場合は、管理業者が保証してくれます。幸いその後の入金は順調ですが、世の中にはお金にルーズな人もいることを思い知らされました。

表 9　田園調布物件の概要と収支

価格	680		
家賃	6.85	（月額）	家主代行
表面利回り	12.1	（%）	
修繕積立金	0.3	（月額）	
管理費	0.55	（月額）	
賃貸管理手数料	0.7		
年間手取家賃	64.1		
実質利回り	9.4	（%）	
固定資産税	2.5	（年額）	
総合利回り	9.1	（%）	
初期費用	58.32		
仲介手数料	27.7		
登記費用	15		
保険料	2		
不動産取得税	13.6		
投資総額	738.3		
最終利回り	8.3	（%）	
借入金	0		
借入金利	0.0	（%）	
返済額（生命保険料除）	0.0	（月額）	
生命保険料込返済額	0.0	（月額）	
月額手取家賃	5.3	（月額）	

西暦			2004年	翌年
借入金利息（年間）			0.0	0.0
利息建物分　経費算入額			0.0	0.0
長期修繕費	0.0		0	0
専有部入退去リフォーム費用	0.0		0	0
投資総額	738.3			
税引前 年間キャッシュフロー			3.2	61.6
税引前 月額キャッシュフロー			0.3	5.1
築年	1983年			
築後経過年数	21年			
減価償却年数、減価償却率	30.2年	0.034		
建物（定額法）	272	0.4	8.3	8.3
付帯設備（定率法）	81.6	0.3	11.6	9.9
計上経費			80.7	20.8
不動産所得			-16.7	43.3
所得税、地方税	税率30%		-5.0	13.0
税引後 年間キャッシュフロー			8.2	48.6
税引後 月額キャッシュフロー				4.0

素晴らしい立地や稀少価値も、滞納が起これば全く意味がなくなります。しかし購入時には、滞納については過去の実績しか分かりませんし、入居者が変われば状況も変わります。発生を恐れすぎることなく、対処方法をあらかじめ準備して臨めば取れるリスクです。具体的な対処としては、滞納を想定した投下資金回収シミュレーションをして勝算を見極めておくことと、滞納が発生した場合の対応システムを用意しておくことです。旧自宅を賃貸して初めて滞納に直面したときは手探りの対応でしたが、この物件からはあらかじめシステム的な対応を準備できるようになりました。

●購入物件その9　入居者をイメージして購入する

５年程前から情報提供してもらっていたＲ２社から紹介された物件です。

２００４年ころから都内の物件が高騰しはじめて、インカムゲインと築年数、資金回収年数を計算すると、投資できる物件が都心部では見つからなくなってしまいました。築年が古いものでも、すでに収益換元法では買えない価格まで高騰してしまっています。そこで、賃貸需要と価格を考え、横浜エリアをねらうことにしました。横浜は賃貸需要が高い割には、まだ手頃な価格です。中華街を中心とする異国情緒と港街の雰囲気は、東京とは一味違った特徴があり、メディアでの住みたい街ベストテンにも、常に上位にランクインしています。また、将来も人口が増加していくという統計予想が出ているので安心だと考えています。個人的にも母親の生地で、親戚も多く住み、子供の頃から慣れ親しんで土地勘がありました。

紹介された横浜関内の物件は築17年（平成元年築）で、シミュレーションしてみたところによると、築30年程度で投下資金が回収できる計算です。建物全体の大規模修繕が2年前に済んでいて、内装も退職金で昨年購入したオーナーが全面リフォームしてあるとのことです。

同時期に売りに出ていた同棟の2室の物件価格は、690万円と650万円でした。そのうちの1室の売主は建築会社でしたので、いろいろ聞いてみると、建物はバブル期の仕様で良い造りとのこと。ちょうどR2社は期末決算を控えていたこともあり、570万円で購入できました。このように仲介業者の決算期ですと、指値も通りやすくなります。価格は売主が決めると思いがちですが、最終的な契約の成否は仲介業者の手腕しだいです。何とか決算期に間に合わせて成約させようと必死になってくれるわけです。

実は、この物件ではもう一人、別の仲介業者を通じて指値なしの（売値で買う）買手がいました。しかし、R2社は売主から直接物件を預かっているので、私が買えば仲介手数料を売主と買手両方から取れます。（これを両手が取れるといいます。）さらに、買手に仲介業者が入ると、その業者指定の様々な書類を作成する手間だけでも大変なので、20万円程度の差なら是非とも私に買って欲しいとのことでした。このような事例は前述のI社のように、必ず両手を取れるワンルームのオーナー間での仲介システムを利用した売買では体験できないことでした。

表10　関内物件の概要と収支

価格	570		
家賃	5.9	(月額)	家主代行
表面利回り	12.4	(%)	
修繕積立金	0.5697	(月額)	
管理費	0.84	(月額)	
賃貸管理手数料	0.0		更新料は業者へ
年間手取家賃	53.9		
実質利回り	9.5	(%)	
固定資産税	2.5	(年額)	
総合利回り	9.0	(%)	
初期費用	52.655		
仲介手数料	24.3		
登記費用	15		
保険料	2		
不動産取得税	11.4		
投資総額	622.7		
最終利回り	8.3	(%)	
借入金	0		
借入金利	0.0	(%)	
返済額(生命保険料除)	0.0	(月額)	
生命保険料込返済額	0.0	(月額)	
月額手取家賃	4.5	(月額)	

西暦			2005年	翌年
借入金利息(年間)			0.0	0.0
利息建物分　経費算入額			0.0	0.0
長期修繕費	0.0		0	0
専有部入退去リフォーム費用	0.0		0	0
投資総額	622.7			
税引前 年間キャッシュフロー			-1.3	51.4
税引前 月額キャッシュフロー			-0.1	4.3
築年	1988年			
築後経過年数	17年			
減価償却年数、減価償却率	33.4年	0.031		
建物(定額法)	228	0.4	6.4	6.4
付帯設備(定率法)	68.4	0.3	9.7	8.3
計上経費			71.2	17.2
不動産所得			-17.3	36.7
所得税、地方税	税率30%		-5.2	11.0
税引後 年間キャッシュフロー			3.9	40.4
税引後 月額キャッシュフロー				3.4

単純に価格だけで取引が決まるものではない、ということを学んだ経験でした。

賃料が相場より高めだったので入居者に特殊事情があるのではないかと懸念していましたが、案の定又貸しをしていることがわかりました。そのうえ、滞納が発生してしまったので、保証会社にお願いして退去交渉をしてもらい、約1週間でハウスクリーニングまで完了し、次の募集にかかりました。

エリアの特殊性と入居者ニーズを考慮し、横浜中華街の中国の方を対象に募集したところ、すぐに県内著名大学で学びながら中華街で働く、女子留学生に入居いただけました。さすがに日本の大学で学ぶエリートですので、入居以来入金は1日も遅延なく立派なものです。

実は鶯谷の物件で、まず家賃保証システムを使って中国の方に入居いただいた経験があり、通常の管理募集でもリスクがとれると判断した上でのトライアルでした。この物件は横浜中華街が近いため、購入するときから中国の方を想定していました。今後の少子高齢化を考えれば、海外からの労働人口は必ず増加するでしょう。それに備えて実体験を積み重ねていけば、自分なりのノウハウが蓄積できると考えました。この物件から、外国人入居者の募集に積極的にトライできるようになりました。

●購入物件その10　ファミリータイプ混在の大型物件

これも続けてR2社さんから紹介されたものです。関内の物件の賃貸トラブルのお詫び的な意味もあったようで、売りが出たその日に、真っ先に情報をもらいました。

神奈川県相模原市の駅から3分の立地にある、20㎡のワンルームマンションです。

この物件を購入した動機は、「将来の人口減少」と「区分所有の老朽化、建替え問題」に対する解決策を探る、ひとつの実験モデルとなると考えたためです。日本では将来人口減少が進みますが、ある特定のエリアでは逆に人口が増えると統計予想されているようです。前述の関内の物件を調査検討するうちに、東京以外でも身近な場所にそういうエリアがあることに気付きました。改めて調査してみると、私自身が土地勘がある相模原市も、地価が安い割に賃貸需要の将来性があり、有望な地域だとわかりました。

もう一つの「老朽化、建替え問題」についても、実験モデルとしての意味をもっています。この物件の最大の特徴は、１２７室あるワンルームタイプとファミリータイプが混在した大型物件だということで、相模原駅３分の立地にディベロッパーが元の地主と等価交換方式で建てたものです。実需のファミリー居住者が住んでいるので組合がしっかりしており、管理状態も良好で、積立金も６０００万円と潤沢です。

売りに出たのは12階建ての最上階にある独立部屋で、４方向が眺望良好である点も魅力です。20㎡とやや広めで、若い女性が契約し入居していますが、実際はカップルで同棲中でした。

こういった場合は、次回の契約更新時にさりげなく男性にも契約をお願いすれば事足りますし、経験的に言って安定した賃貸が期待できます。エリア的にはそれほど人気が高いわけでは

表11　相模原物件の概要と収支

価格	460		
家賃	5.6	(月額)	家主代行
表面利回り	14.6	(%)	
修繕積立金	0.368	(月額)	
管理費	0.62	(月額)	
賃貸管理手数料	0.0		更新料は業者へ
年間手取家賃	55.3		
実質利回り	12.0	(%)	
固定資産税	2.5	(年額)	
総合利回り	11.5	(%)	
初期費用	46.99		
仲介手数料	20.8		
登記費用	15		
保険料	2		
不動産取得税	9.2		
投資総額	507.0		
最終利回り	10.4	(%)	
借入金	0		
借入金利	0.0	(%)	
返済額(生命保険料除)	0.0	(月額)	
生命保険料込返済額	0.0	(月額)	
月額手取家賃	4.6	(月額)	

西暦			2006年	翌年
借入金利息(年間)			0.0	0.0
利息建物分　経費算入額			0.0	0.0
長期修繕費	0.0		0	0
専有部入退去リフォーム費用	0.0		0	0
投資総額	507.0			
税引前 年間キャッシュフロー			5.9	52.8
税引前 月額キャッシュフロー			0.5	4.4
築年	1990年			
築後経過年数	16年			
減価償却年数、減価償却率	34.2年	0.03		
建物(定額法)	184	0.4	5.0	5.0
付帯設備(定率法)	55.2	0.3	7.8	6.7
計上経費			62.3	14.2
不動産所得			-7.0	41.2
所得税、地方税	税率30%		-2.1	12.3
税引後 年間キャッシュフロー			7.9	40.5
税引後 月額キャッシュフロー				3.4

ありませんが、私自身が土地勘があるのと、自宅からも近いので、空室が長引きそうな場合に自分で賃貸募集やリフォームのために動けることもプラス要因だと判断して購入しました。

ファミリータイプが混在している物件の場合、将来建替え問題が発生すると、管理組合の意見が割れるリスクはワンルーム単独物件より大きいと想定されます。そのリスクを先送りするためにも、建物寿命が自分より長いことが重要になります。この場合は、表面利回り14・6％で、築30年時に投下資金が回収でき、築47年時に私は79歳になっている計算です。

この物件は一流ディベロッパーが建て、建物がしっかりして管理が行き届いた分譲タイプのファミリーマンションですから、実需（オーナー自身が使用する）の割合も高く、私が生きている間は建替え問題もないまま長期所有も可能だと考えられます。

ワンルーム専門業者の仲介物件の場合、全棟ワンルームとなりますが、一般仲介業者ではいろいろな物件を扱っています。建物の維持管理費は専有部面積比率での負担となるので、狭いワンルームの割合に応じた負担で、造りがしっかりしたファミリー混在物件のメリットを享受できる点はプラスだと実感しました。賃貸需要面から考えてみても、入居者は同じワンルームでも、大きくて立派な建物の1室に住みたいと感じるはずです。

●購入物件その11　個人の現金買いは、やはり有利

以前に物件を購入した池尻大橋の隣の駅、三軒茶屋の物件が売りに出ました。

三軒茶屋駅からまっすぐ下北沢に通じる茶沢通りという商店街を5分程歩いたあたりの物件です。ここも賃貸需要の高いエリアです。

この物件に着目したのは、新築以来同じ法人が入居し、この部屋に住所登記している点でした。16㎡3点ユニット物件の弱点も、事務所使用によって解決できるのではないかと考えたためです。(問題のユニットバスは、物置として使用中。) 居住費は景気に左右されにくく安定的ですが、法人使用の場合は、業績次第で滞納リスクがあります。しかし、その場所に登記されているため、滞納、退去となれば、会社登記を移す手間と費用が必要となります。(もちろん、倒産したら終わり、という可能性もありますが。) インターネットで調査したら会社状況も安心だったので、リスクは取れると判断しました。

最初の1室から事務所使用はちょっと怖いですが、複数の物件を所有することで、リスクは回避できます。事務所として賃貸運用してみることで、自分では気づかない問題も経験でき、次につながるノウハウを蓄積できると考えました。

780万円の平凡な売値でしたが、売主に事情がありそうな予感がし、650万円の指値を入れました。ここで2人の買手が現れ、競合となりました。買主の1番手は750万円の国金(国民金融公庫)の融資待ちとのことで、融資が通らなければ買えないわけです。2番手は700万円の現金3か月決済という条件で、融資というハードルはないものの、支払いまで3か月待ってほしいということです。

表12　三軒茶屋物件の概要と収支

価格	650		
家賃	6	(月額)	家主代行
表面利回り	11.1	(%)	
修繕積立金	0.1	(月額)	
管理費	0.6	(月額)	
賃貸管理手数料	0.06		交渉して特別価格に
年間手取家賃	62.9		
実質利回り	9.7	(%)	
固定資産税	2.5	(年額)	
総合利回り	9.3	(%)	
初期費用	56.775		
仲介手数料	26.8		
登記費用	15		
保険料	2		
不動産取得税	13		
投資総額	706.8		
最終利回り	8.5	(%)	
借入金	0		
借入金利	0	(%)	
返済額(生命保険料除)	0.0	(月額)	
生命保険料込返済額	0.0	(月額)	
月額手取家賃	5.2	(月額)	

西暦			2006年	翌年
借入金利息(年間)			0.0	0.0
利息建物分　経費算入額			0.0	0.0
長期修繕費	0.0		0	0
専有部入退去リフォーム費用	0.0		0	0
投資総額	706.8			
税引前 年間キャッシュフロー			3.6	60.4
税引前 月額キャッシュフロー			0.3	5.0
築年	1990年			
築後経過年数	16年			
減価償却年数、減価償却率	35年	0.029		
建物(定額法)	260	0.4	6.8	6.8
付帯設備(定率法)	78	0.3	11.1	9.5
計上経費			77.1	18.8
不動産所得			-14.3	44.1
所得税、地方税	税率30%		-4.3	13.2
税引後 年間キャッシュフロー			7.9	47.2
税引後 月額キャッシュフロー				3.9

縁というのは不思議なもので、売主は昨年田園調布の物件を譲って頂いた同じオーナーさんでした。やはり、期末決算を控えて、それまでに赤字処分の決済を済ませたいとの事情でした。そこで、私の有利な点は、過去の成約実績が信用につながるのと、現金買いによる確実な決済だと考えました。ちなみに、この物件はR1社さんからの紹介でした。

吉報は重なるもので、同時期にK社さんから、下北沢の物件を650万円で紹介されました。こちらは買取業者からの買付証明が入っていましたが、この業者さんの手に渡れば管理会社であるK社さんは管理が出来なくなってしまいます。私が購入すれば管理が継続できるため、K社さんは私の返事待ちで物件を押さえてくれていました。

一方、三軒茶屋の物件の売主さんも、昨年の私との成約実績に絶大な信頼を寄せてくれて、是非買ってほしいとのご希望でした。R1社さんも年度末決算を控え、確実な決済を優先希望していました。どちらも魅力的でしたが、私に2室同時に購入する資力はありません。

最終的には両方の物件を現地に見にいき、長期保有を想定して、管理状態の良さから三軒茶屋の物件を購入しました。人気のある下北沢の物件なら、個人投資家の私でも100万円程度のキャピタルゲインで転売できたかもしれませんが、私の投資手法はインカムゲイン中心で考えていますので、「好みに合わなかった」ことも買わなかった理由です。

この物件では、私は指値の3番手でしたから、通常ではとうてい購入できません。しかし、売主や仲介業者と既にお馴染みとなっており、最後には、売主さんから是非買って下さいとの、ありがたい申し出を頂くほどでした。不動産取引では、いかに人の縁と確実な決済による信用が重要であるかを実感しました。実は、このような展開も予想できたため、あくまで自分の投資方針に沿った値段で、最初の指値をお願いしていたのでした。

途中まで同時進行したK社さんからの下北沢の物件では、最近のワンルーム市場で賃貸管理がいかに重要視されているかを体験しました。その面では、プロの買取業者よりも個人投資家が有利な点があることを学びました。

この二つの話を通じて、不動産投資の要はやはり人脈と個別事情であり、本当に有利な物件を入手するには、複数同時に購入できるくらいの十分な資金を準備した上で依頼をすれば、チャンスを逃さないことを学びました。このケースも資金が十分あれば、２室とも購入したかったところです。

●トータルでの投資収支は？

ケーススタディーとして私の購入物件を紹介してきましたが、いったい、どれくらいの期間でいくら投資に使い、いくらの収益が得られたのでしょうか？　以下がその概要です。

１９８３年に就職して資金を貯め始め、１９８９年に初めて不動産（最初の自宅）を購入して以来、２００６年までの18年間の投資総額（購入物件価格の合計）は約１億４０００万円です。内訳は借入金約２６００万円。自己資金は１億１４００万円です。

この自己資金のうち9000万円が、給与の複利運用と、いわゆる紙の資産への投資によるものです。さらに、約2400万円が家賃収入の再投資です。給与と家賃収入の合計が1室分を購入できるまで貯まった時点で、実質利回り10％程度を目処に買い足していきましたので、これは複利運用分を含んでいます。

給与は、1983年～95年は主に利回り5％程度を目処に、国内金融商品（財形貯蓄、社内預金、持株会その他国内金融商品）で運用しました。95年以降は金利低下で国内での運用が難しくなったため、多少リスクのある海外投資を中心に運用しました。

このように、効率の悪い方法でも成果があがった理由は、序章でもご紹介したとおり、①最初の自宅を購入するまでの6年間、独身寮生活で投資の種を作ったこと、②自宅購入で失敗したものの、手持ちキャッシュと借入れのバランスを考え、借入金、投下資金、手持ち資金の3つに均等割して資金分散し対処したことで、その後の経済状況の急変に対応できたこと、③そのため自宅ローンを返済しながらも、家計に弾力性を残してキャッシュフローを確保でき、さらに6年間、資金元本を増やしながら複利運用を続けることができたことなどでしょう。

また、最初の投資物件を全額借金で購入して再び失敗した後、3年程をかけて物件研究と自己資金作りに努め、次の物件から全額自己資金での投資を展開したこともポイントでした。そのタイミングが、今振り返ると首都圏での不動産相場の底値時期だったことも幸いしました。

これらは予想できたわけではなく、「先の読めない素人は、時間と対象を分散すべし」という原則を守ったことで偶然救われただけだと思っています。

投資のパフォーマンス評価という視点から考えると、純粋にサラリーからの直接投資元本がいくらで、不動産投資で今までにいくらの利益が純粋に上がったか？が知りたいところですが、その正確な区別は現実には難しいようです。前述のように家計のやりくりがきっかけで個人投資をスタートしたので、給与と家賃が一定以上貯まると物件を購入していたため、資金を区別して管理していなかったからです。

前述の通り、自己資金については23年間で1億1400万円ですから、計算すると1年あたり496万円となり、とても給与収入だけでまかないきれる金額ではありません。つまり、複利の効果を使ったわけです。大ざっぱに言えば、23年間で約5000万円程度の元本資金を投じ、5000万～6000万円の運用利益が上がり、それをさらに再投資したと考えられます。

読者のなかには、「不動産には借入金でレバレッジを効かせて投資し、現金は手元に残してもっと効率の良い投資で運用した方が有利ではないか？」と感じる方もいるかと思います。これについては以降の章で順次ご説明しますが、経済の素人である自分自身の投資才能の身の丈を考えて採った方法でした。読者の皆様であればご自身の力量に合わせて、もっと効率の良い手法をとったり、不動産投資で借入金によるレバレッジを効かせたりと、時間効率とパフォーマンスをアップさせることができると思います。

現在実質利回り(%)			資金回収時点③								築47年時点		
自主	代行	保証	期間	西暦	年齢	築年	想定家賃	減価償却した物件価値	運用利回り	最終利回り	累積キャッシュフロー	想定家賃	年齢
(%)	(%)	(%)	(年間)	(年)	(歳)	(年)	(円/月)	(円)	(%)	(%/年)	(円)	(円/月)	(歳)
②	②	②					④	⑤	⑥	⑦	⑧	④	
2.3			>70	>2060	>101	>80	-	-	-	-	13,900,000	47,000	68
	2.0		27	2023	65	35	49,000	6,870,000	8.6	2.3	15,680,000	43,000	77
	10.0		18	2017	59	35	43,000	4,280,000	12.1	3.8	10,320,000	38,000	71
	9.4		19	2018	60	35	36,000	3,800,000	11.4	3.5	9,020,000	32,000	72
	11.7		14	2014	56	32	54,000	2,910,000	22.3	3.3	13,000,000	46,000	71
	11.2		16	2016	58	28	48,000	4,510,000	12.8	4.5	12,910,000	40,000	77
	9.8		18	2019	61	34	42,400	4,330,000	11.8	3.8	10,370,000	37,000	74
	12.8		16	2018	60	35	44,300	3,440,000	15.5	4.4	9,510,000	38,900	72
		9.0	17	2019	61	34	45,700	4,900,000	11.2	3.9	11,070,000	40,000	74
		9.4	17	2020	62	28	30,000	3,230,000	11.1	4.2	9,250,000	24,800	81
		12.4	14	2018	60	29	30,000	2,430,000	14.8	5.3	7,530,000	25,000	78
		10.7	15	2019	61	31	27,000	2,320,000	14.0	4.8	6,850,000	22,500	78
		9.4	17	2021	63	37	40,000	4,170,000	11.5	4.0	9,700,000	36,000	73
		9.6	16	2020	62	37	49,000	4,960,000	11.9	4.3	11,540,000	44,300	72
	9.4		19	2023	65	36	44,000	4,400,000	12.0	3.4	9,630,000	41,000	72
	9.5		19	2024	65	36	48,250	3,880,000	14.9	3.6	9,440,000	43,000	77
	12.0		16	2022	63	31	41,000	3,310,000	14.9	4.5	8,490,000	29,000	79
	9.7		18	2024	65	34	50,000	4,580,000	13.1	3.9	11,720,000	43,000	79
		11.8	12	2018	60	32	61,000	3,630,000	20.2	6.3	10,650,000	51,800	75
		9.2	16	2022	64	33	36,000	3,500,000	12.3	4.3	9,170,000	31,100	78
						月額	818,650	75,450,000		4.1	209,750,000	753,400	
						年額	9,823,800				年額	9,040,800	

(現状分析)

1. 1.4億円で物件(金の卵を生む鶏)を購入し、10年間で鶏は1億円にやせたが、3,000万円の家賃(卵)を生んだ。しかし、物件(鶏)は日々老朽化している(歳をとっている)。さて、これからどうなる?
2. 値下りしてキャピタルロスのある物件(やせた鶏)は最初の2室のみで、他の18室は含み益、合計約480万円。現時点ではトータルで鶏は太ってきている。(以下、1～4の分析値についてはスペースの関係で表記していません。)
3. 現状では、物件の含み損2,000万円を家賃キャッシュフロー累積3,000万円で取り戻し、トータルでは1,000万円の利益がでている。
4. 投下資金回収時点では、物件が減価償却分だけ価値が下がっていると仮定した場合は、キャピタルロス+累積インカムゲイン合計で5,000万円の利益。
5. 築47年時点では、物件価値(鶏の価値)は減価償却計算上はゼロになり、家賃キャシュフロー(生んだ卵)の累計は約2億円。(ただし、物件の築年は同じではないので、同時にこの状態にはならない。)

表13　保有物件のプロフィール一覧

番号	購入年	マンション	築年	購入時	購入	タイプ	面積	表面利回り(%)		キャッシュフロー		購入時実質利回り(%)		
				築年数	価格		(㎡)	購入時	現在	購入時	現在	自主	代行	保証
		(単位)	(西暦)	(年)	(万円)					(円/月)	(円/月)	(%)	(%)	(%)
		(脚注番号)								①	①	②	②	②
1	1989	八王子	1979	10	2,770	2DK	46	0.0	3.0	-70,393	20,843	-3.0		
2	1996	鶯谷	1988	8	1,090	1R	16	6.9	6.4	-2,923	18,362		-0.3	
3	1999	用賀	1982	17	630	1R	16	9.0	11.8	44,000	52,490			8.4
4	1999	鷺宮	1983	16	570	1R	13	9.6	11.2	42,500	44,435			8.9
5	2000	池尻大橋	1982	18	630	1R	20	11.5	14.3	54,892	61,471			10.5
6	2000	中野坂上	1988	12	620	1R	17	11.2	13.4	54,840	57,795			10.6
7	2001	下高井戸	1985	16	630	1R	15	10.4	10.4	50,330	51,330			9.6
8	2002	中野新橋	1983	19	490	1R	16	12.8	15.2	48,920	52,310			12.0
9	2002	下北沢	1985	17	730	1R	16	9.5	9.5	53,800	54,800			8.8
10	2003	福岡	1992	11	450	1K	19	9.7	9.7	35,300	35,300			9.4
11	2004	京都	1989	15	330	1R	10	13.8	14.2	33,059	34,059			12.0
12	2004	大阪	1989	16	320	1R	16	11.8	11.8	28,500	28,500			10.7
13	2004	経堂	1984	20	615	1R	14	10.0	10.0	48,000	48,000			9.4
14	2004	三軒茶屋	1983	21	725	1K	22	10.1	10.1	58,180	58,180			9.6
15	2004	田園調布	1983	17	680	1R	17	12.1	12.1	53,385	53,385		9.4	
16	2005	関内	1988	17	570	1R	16	12.4	12.4	44,930	44,930		9.5	
17	2006	相模原	1990	16	460	1K	20	14.6	14.6	46,120	46,120		12.0	
18	2006	三軒茶屋	1990	16	650	1R	16	11.1	11.1	52,400	52,400		9.7	
19	2006	笹塚	1986	20	480	1R	16	17.2	17.2	47,057	47,057			11.8
20	2006	新子安	1989	17	503	1R	16	10.1	10.1	38,660	38,660			9.2
					13,943			10.7	11.4	761,558	900,427			
									年間合計	9,138,690	10,805,124			

脚注
①：入居者家賃－賃貸仲介業者手数料ー建物管理費ー修繕積立金－(あれば)地代－(あれば)ローン返済分
②：(①×12ヶ月)÷購入価格
③：資金回収の収入は、②(年１～２％で下落)ー不動産取得税ー固定資産税ー入居者入替時補修費ー専有部設備故障費ー大規模修繕臨時拠出金ー所得税ー地方税でシミュレーション。
④：購入時を起点として、家賃下落率１％/年（物件によっては２％/年）で家賃が単純下落したと想定。(購入時から現時点では家賃手取額は上昇している物件が多い。)
⑤：購入時を起点として、物件価格を減価償却率で償却して行った単純計算値。(売買事例価格と比較すると、安めになるので、実際この時点で売却すれば、これより高い価格が付くと思われる。)
⑥：(④×12ヶ月)÷⑤で計算した想定表面利回り。実際には⑤に相当する買値がもう少し高くなり、⑦とのバランスで決まると思われる。
⑦：⑤の減価償却した価格で売却したと仮定した値。実際にはこれより高く売れるので、より高い値になると思われる。⑥の値とのバランスで売値が決まると思われる。
⑧：③と同様に１～２％/年で下落すると仮定した家賃収入から想定される全ての維持費を差引いた手取りに年数を掛けた累積値。

¥(万円)	持株会	¥(万円)	退職金	¥(万円)	社内預金	米$	¥(万円)	中国株	¥(万円)	NZ$	¥(万円)	
出資	累積収支	出資	累積収支	出資	累積収支	万$	出資	万円	出資	万$	出資	
	18				90							
	36				184							
	54				283							
	72				387							
	90				495							
	108				609							
	126				728							
	144				853							
	162				984							
	180				1,121							
	198				1,265							
	216	自宅購入資金			1,416							
	234				1,574							
1.000	252				1,740	15.8		70				
	270					16.4						
	288	自宅ローン繰上返済				17.1						
	396					17.8						
	306					17.8						
1.300	324	713				18.5						
	36					18.5						
	54					19.2		700	400			
	72		自宅ローン繰上返済			20.0						
	72					20.0						
	90					20.8				7.7		
	108		1,500	500		21.6				8.1		
	108			500		21.6				8.1		
	108			500		21.6				8.1		
650	108					21.6				8.1		
	108					21.6	330			8.1	83	
	126					19.4				7.4		
	144					20.2				7.8		
	144	239				20.2	236			7.8		
	0					18.2	472			7.8		
	0					14.2	118	700		7.8	312	
	18					13.7				3.9		
	36					14.2				4.1		
	⑤											
650		239		1,500			1,156				395	12,350

＊個人投資のため、家計の財布の中身で、家賃とサラリー収入と海外投資分がごっちゃになっており、記録を正確に残していないため、実際はこれほど綺麗に分けられず、各々から資金調達しています。
＊'90年代後半からの低金利期から、日本円キャッシュはなるべく持たないようにして、貯蓄資金とまとまった収入は繰上げ返済に回し、浮いてくるキャッシュフローを物件へ再投資。
＊投資初期は貯蓄から資金調達。その後、資金運用を海外へ移し、併せて家賃を再投資。日本円の現金を海外で運用しつつ、海外相場好調時、日本円に戻して、それを不動産へ変えていったイメージがおわかり頂ければと思います。

表14　全物件資金繰り一覧表

物件	購入年	価格	借入金	自己資金	家賃CF	¥(万円)	貯金	¥(万円)	住宅財形	¥(万円)	一般財形
		(万円)	(万円)	(万円)	累積収支	出資	累積収支	出資	累積収支	出資	累積収支
	1983						50		54		90
	1984						128		109		255
	1985						287		166		425
	1986						494		224		601
	1987						797		283		782
	1988						1,179		344		969
八王子	1989	2,770	1,500	1,270			1,488	1,200	406	380	1,162
	1990						581		81		1,361
	1991						906		138		1,567
	1992						1,231		195		1,779
	1993						1,532		251		1,998
	1994				自宅購入資金		1,835		307		2,224
	1995						2,157		363		2,457
鶯谷	1996	1,090	1,090	0			2,483		420		2,697
	1996		3,000								
	1997						2,716		477		1,743
	1998						2,870		532		1,788
用賀	1999	630	0	630	42		3,025	650	586		1,835
鷺宮	1999	570	0	570	46		2,375		586	587	1,835
池尻大橋	2000	630	0	630	187.6	150	2,530	500	53		1,882
中野坂上	2000	620	0	620	85.6		2,030	620	53		582
下高井戸	2001	630	0	630	289		1,563	300	107		610
中野新橋	2002	490	0	490	511.6	30	1,416	490	161		637
下北沢	2002	730	0	730	541.6	40	1,416	730	161		637
福岡	2003	450	0	450	791.4	500	839	500	215		666
京都	2004	330	0	330	598	350	417		270		694
大阪	2004	320	0	320	266	260	417	100	270		694
経堂	2004	615	0	615	24	24	317	124	270		694
三軒茶屋	2004	725	0	725	18		193	100	270		694
田園調布	2004	680	0	680	36		93		270	270	44
関内	2005	570	0	570	519	500	231	100	54		63
相模原	2006	460	0	460	472.4	460	270	20	108		82
三軒茶屋	2006	650	0	650	42.4	20	250	150	108		82
笹塚	2006	480	0	480	52.4	50	100		108		82
新子安	2006	503	0	503	26.4		100	100	108		82
	2007				652.2		138		162		101
	2008				1,278		276		216		121
					①		②		③		④
合計		13,943		11,353		2,384		5,184		1,237	

①：各室の税引後キャシュフローと想定した概算値。
②：独身時代の生活費５万円/月、'96年からは23万円/月。毎月の手取りから、天引き分と自宅ローンを引く。八王子と鶯谷マイナス分は５万円/月で計算。金利３％→１％→0.01％で計算。
③：３万円/月。ボーナス時９万円積立。年間54万円。金利は預金と同じと仮定。奨励補助金は含めず。
④：'96年までは、９万円/月、ボーナス時27万円、年間162万円積立。'97年からは１万円/月、ボーナス時３万円、年間18万円積立。金利は生保型のため安定高金利４％→２％と仮定。
⑤：１万円/月、ボーナス時３万円。年間18万円購入。配当金、奨励補助金は含めず。

第2章　中古マンション投資のメリット・デメリット

ここで、中古マンション投資のメリット、デメリットをまとめてみたいと思います。

●マンション投資は入口と出口が重要

投資対象として何を選ぶ場合でも、入口と出口が重要なことは言うまでもありません。マンション投資の失敗事例の多くは、入口を間違えること＝高い物を買ってしまうことにあります。（私の場合、最初に買った物件が正にそれでした。）

それだけではありません。マンションの区分所有の場合は、建物が老朽化していき、最後は必ず建替え問題へと終着します。そのため、どの時点で売却するかという出口戦略も、極めて重要になります。つまり「最終的にどのように利益を確定させるか？」がポイントです。私はまだ物件の売却も建替えも経験していませんので、出口には到達していないことになります。

●投資を始める前に目標を立てる

もうひとつ、入口を入る時に、自分の目標を立てておくことが、非常に大切だと思います。サラリーマンを本業として、不動産はあくまで「投資」として行うのか？　あるいは、不動産投資を自分の本業ととらえて「事業経営」として行うのか？という見方です。これは税務申告面でどうするかというよりも、実務的なとらえ方としてどうするか、という問題です。

サラリーマンが不動産を運用する場合、それを本業と考えれば、自分の時間やエネルギーを仕事より不動産経営の実務へ注力し、可能な限り時間効率を上げて規模も追求する方法を選択できます。一方、「本業はあくまでサラリーマンで、不動産投資は本業を補うもの」と考えるなら、自分の力を勘案しながら、本業に差し支えない方法を選ぶ必要があります。不動産投資へのめり込み過ぎて、本業がおろそかになっては本末転倒です。個人の価値観によって、単純にお金の大小だけで割り切れない部分もあると思いますので、よく考えておきましょう。

最近は社会情勢が激しく変化して、かつて個人農業や林業が専業では立ち行かなくなったように、サラリーマンも業種や職種によっては同じ運命にさらされています。世の中や会社の仕組みが変化にマッチしなくなっているといえます。とはいえ、サラリーマンが副業をもつのは難しい現実があり、かといって、いきなり独立起業するのもリスクが大きすぎます。

私の場合、前述のように本業のサラリーマンの仕事を安心して継続でき、家族を守るためのものとしてマンション投資を考えています。ですから無理をしないことがまず優先です。本業に差し支えのない範囲で、失敗のリスクを最小限にするため良い物件を選別して現金購入し、着実にキャッシュフローを積み上げることが主眼です。もちろん、決算期ごとに決められた業績ノルマを必達したり、さらにそれを毎期必ず伸ばしていったりする必要もありません。

今のところは生活していくのに給与だけでまかなえます。ですから、投資の規模も、上がってくる収益が「自由に使えるお金が毎月100万円、それにプラスして、物件の老朽化を補うのに再投資するためのキャッシュフローが年間1000万円」といったあたりが最大だと考えています。

この額が達成できれば、万が一、再び突然サラリーマンの職を奪われるようなことがあっても、生活費と再投資の資金が確保できることになります。（現時点では、10年かかって目標値の約半分といったところが実情です。今後は複利の資金規模の効果もあり、多少加速できるかもしれません。）ことがお金となると、人間の欲望は際限なく自己膨張しようとしますが、その限界を見極めるのは、投資10か条の「まず生き方を考える」に帰着してくると思います。

ですから、不動産を事業経営として短期独立を目指したり、他の事業の基礎とするために期限を切って資産規模を拡大するなどは想定していません。もし読者が、これ以上に大きな目標を達成したいと希望する場合には、私の手法では難しいでしょう。不動産投資の手法は様々ですので、さらに多くを望む方は研究を重ねて、ぜひ別の方法をあみだしてください。

●投資スタイルを考える――レバレッジか自己資金か

不動産は、自分が未だ所有していない物に対して銀行がお金を貸してくれる、唯一と言ってもいい投資対象です。ですから不動産という現物対象でもレバレッジを効かせられるのが、他の投資と異なる最大の魅力です。

一方、私がおこなっている現金による不動産投資は、効率は悪いですが、空室、滞納、賃貸市場の変化、物件価値の下落などの環境変化に強いというメリットがあります。環境が急変しても資金ショートをおこしにくく、経営体力があります。最悪の場合でも、自己破産等の状況は回避できます。沢孝史さん主催の「お宝不動産」セミナーで、『収益不動産 所有の極意』(清文社)の著者、和合実さんも全額自己資金投資の考え方を提唱しておられました。

その意味で、経済・財務面は全くの素人の私が、サラリーマンの本業を最小限のリスクで支えるためには、現金での投資が最適と考えました。手持ちの現金を投入してしまうのはもったいないという考えもありますが、私の力量では、年10%近い利回りのキャッシュフローを毎月確実に家計へ入れてくれる投資は、今のところ他には思いつきません。

●ワンルームマンションは小口化した投資商品

ワンルームマンションといった区分所有を他の一般商品の流通価格にたとえると、生産、仕入よりずっと下流の、中間マージンが乗った末端消費者向けの小口化商品だと言えます。生産

●中古マンション投資とは

・一棟ものアパートなどに比べて、ワンルームマンションは小口商品であり、割高となっている。
・その小口商品が中古で売り出された際に、時間経過と売主の個別の事情により、割安に仕入れる。
・投下した資金を回収し終わるまでに、家賃収入で10～20年を要する。
・銀行などの融資が受けられない場合が多い。

図1　ワンルームマンションの価格とは

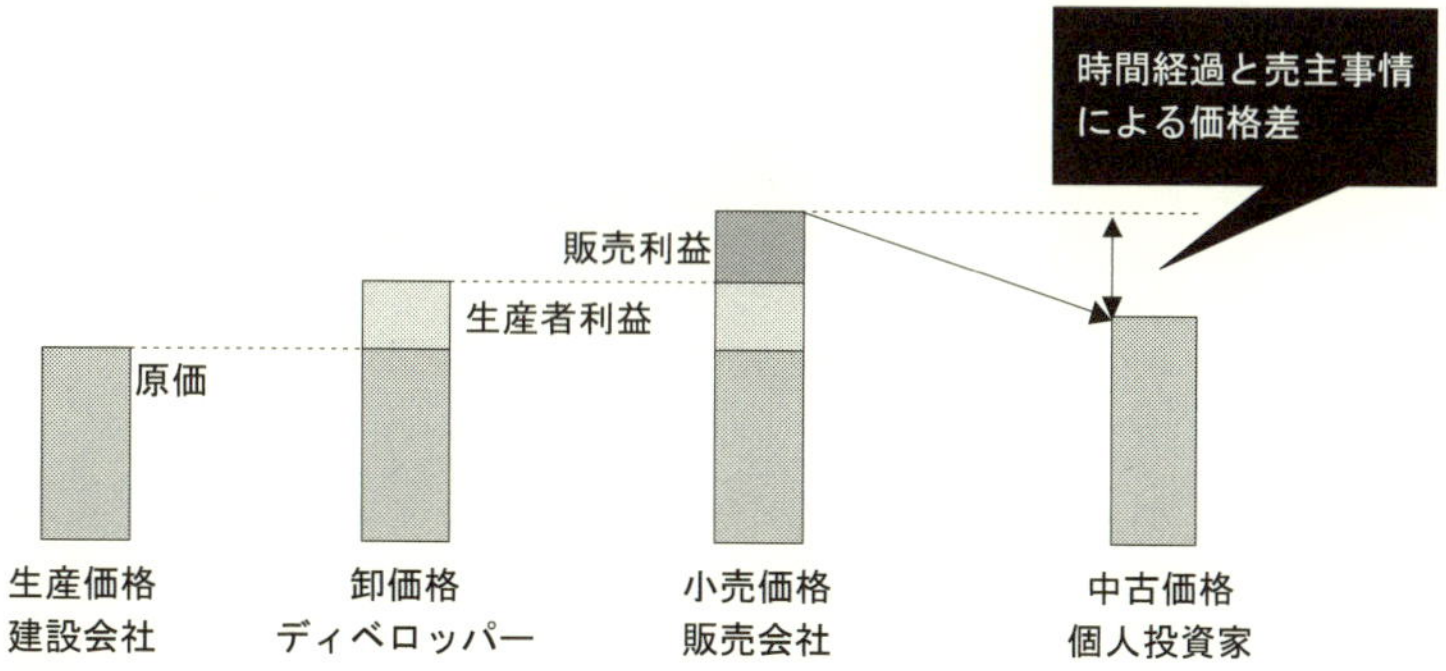

者利益が乗った卸売価格で売主が仕入れ、それに販売利益を乗せて小口化したものが新築時の小売価格となります。

品物を割安に入手するには、より生産者に近いポジションで、なるべく大量に購入すればよいことは周知のとおりです。その代わり、それを実行するためには、それなりの専門知識、ノウハウ、資金規模、労力や手間が必要となります。下流に行けば行くほど、お膳立てができたお手軽な完成品になり、その代償として割高となるわけです。(理論的には、自分でマンションを1棟建てる力量があれば、最も有利といえます。)

資金回収という時間的ファクターでも、生産者、売主ともに販売する時点で、利益を含め資金回収が完了します。それを個人投資家が長期ローンを組んで購入し、引き受けることになります。

中古マンション投資というのは、その区分所有が中古として売却されるのを、割安に仕入れて運用するわけです。中古マンションは売手の事情により価格の自由度が大きいため、上記のような生産流通の価格システムから外れる性質を利用できます。それでも投下資金の回収は、維持費などの諸費用支出や空室・滞納リスクを伴いながら10～20年を要します。

最後は1棟ものとは違って土地が残らず、区分所有権の義務だけが残るので、老朽化による価値の下落と資金回収との時間競争になります。キャピタルゲインは望めないと仮定した場合、なるべく短期間にインカムゲインで資金を回収し、最終的に物件価値がゼロになっても手元に積上がったキャッシュで資金回収を終えて利益を確定する必要があります。

つまり、数字上では、建替えとなった場合でもそれを補いうるキャッシュ（途中複利運用も含めて）が手元に残る価格で購入することになります。その条件を満たす価格で購入できる時のみ、マンション投資の入口をくぐるわけです。

●鶏と卵の経年変化――キャピタルゲインとインカムゲイン

不動産投資のイメージをつかむには、物件の価値を鶏に、家賃を卵にたとえると分かりやすいと思います。賃貸経営を始めると、毎月家賃（卵）が入ってくるので、ついつい、永遠に金の成る木を手に入れたような錯覚に陥ってしまいがちです。

しかし、鶏が日々年をとっていくように、物件も確実に老朽化して、その価値を下げてゆくのです。最後は取壊しや建替えに終着することを、常に認識しておくことが重要です。区分所有の最大の難しさは、ここにあります。タコが自分の足を食いながら、身を削って配当金として家賃収入を生み出している、といったくらいの自戒の気持ちが常に必要かもしれません。

前述の卵と鶏のたとえでは、鶏と卵が経年変化でどう変わってゆくかが重要です。理想を言えば、卵を沢山生みながら、何年後かに鶏も太って大きくなっているのがベストです。

このインカムゲインとキャピタルゲインの合計が最終的にいくらになるかで、その投資の出口が決まることになります。専門的には収益還元法＝ＤＣＦ（Discounted Cash Flow）、正味現在価値＝NPV（Net Present Value）、内部利益率＝IRR（Internal Rete of Return）等のキーワードでネット検索すれば勉強になると思います。

プロがビジネスとして行う場合は、時間をも追及して効率の最大化を狙うのに対して、個人が投資として行う場合は各人のライフスタイルや最終的な利益と安全性を優先させる考え方もあります。そこは理論上の最適値と異なってもいいのではないでしょうか。

バブルの頃のワンルームマンション投資は、毎月持ち出しの状態でも、数年後に物件を売却すれば何倍にも高値で売れたので、トータルとして利益が出ました。鶏と卵のたとえで言えば、まったく卵を産まずエサ代ばかりかかっていても、最後は鶏が太って売れたため、儲かったわけです。（図2）

一方、最近は、マンションは値下り傾向にあるので、毎月の家賃（卵）をトータルすれば、最後に値下りした物件を売却しても値下り分を挽回した上に利益が出る、という筋書きが成り立つような価格で、金の卵を産む鶏を買う投資方法が必要です。（図3）

●区分所有と土地付き一棟ものの違い

サラリーマンが資金的に限られた状態で不動産投資を始めようとするときに開けている道は、区分所有のマンションか、土地付き一棟もののアパートといえましょう。

それぞれの場合の、鶏＋卵のトータル金額の経年変化をイメージ的に描くと、図4、5のよ

●時代により投資方法は変化する
キャピタルゲインvsインカムゲイン

図 2　バブル時代は物件価値の上昇分で利益を確定

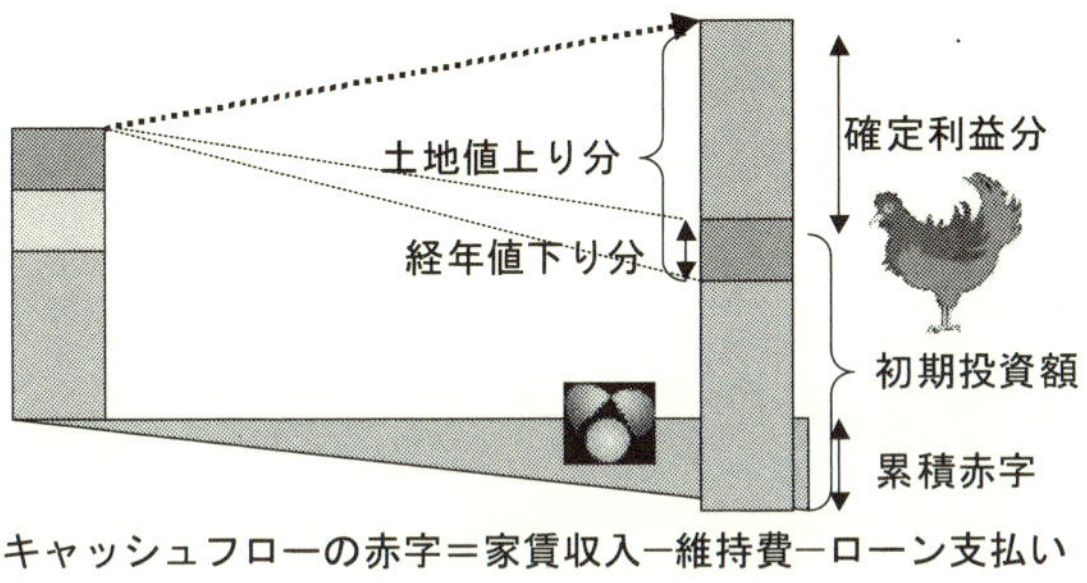

図 3　バブル以降は物件価値が下落、家賃収入で利益を確定

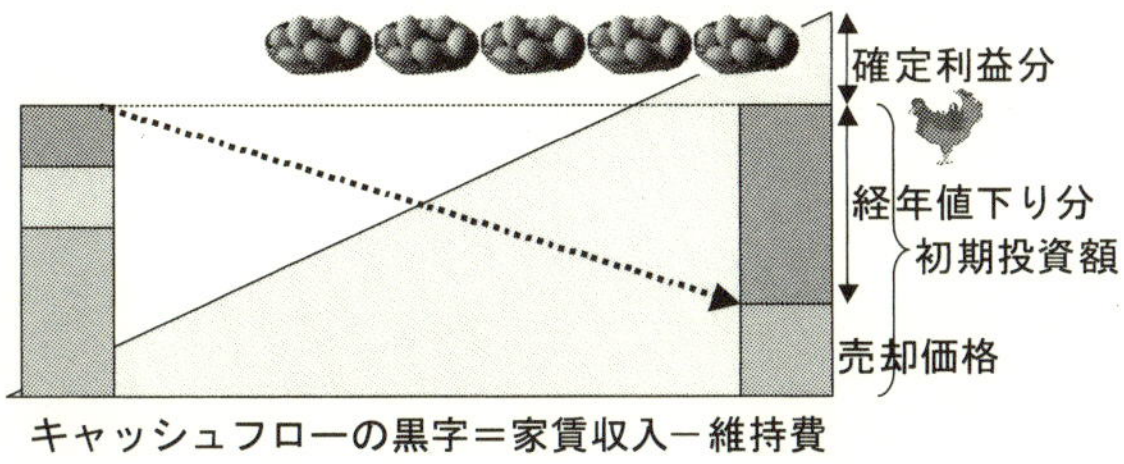

うになります。

マンションはひたすら家賃収入を得ながら、定期的な修繕工事で延命を図るので、修繕工事ごとに出費を伴います。土地の持分はわずかで、その用途は個人の自由になりません。また、物件の価値は建物に限定されるため、年ごとに老朽化（減価償却）により漸近線的に価値ゼロに近づいていきます。

一方、木造アパートの場合は、法定建物寿命が20年程度と短いため、所有期間中に建替え時期が来る可能性があります。しかし、土地は残るので、個人所有者の意志で建替えが可能です。また、建物を壊して駐車場として貸出しても収入は継続できます。アパートとしての賃貸需要が減れば、更地にして一戸建て用地として売却することも可能です。このように、出口が末広がりとなります。トータル価値では、土地付き一棟ものの方がざっくりした比較で2倍以上も有利ではないでしょうか？（詳しい分析比較は、沢孝史氏の『エクセルでドカンと築くお宝不動産』（技術評論社）のCD－ROMツールで計算してみて下さい。）

しかし、図には表現されていない情報として、区分所有は物件の選択が適切なら、そのシステムを活用すれば賃貸の継続だけで運営にほとんど手間がかからないという特徴があります。また売買もシステム化され、証券に近いような手軽な感覚があります。一方、アパートは建替え、用途変更など、それなりの手間や運用ノウハウが必要です。前述の小口化原理では、より上流側に位置する分、自分で商品付加価値をコントロールでき、それと引きかえに数値的には

●アパート経営とマンション投資の収益パターンの違い

図４　アパート経営（土地付き木造一棟もの）の収益

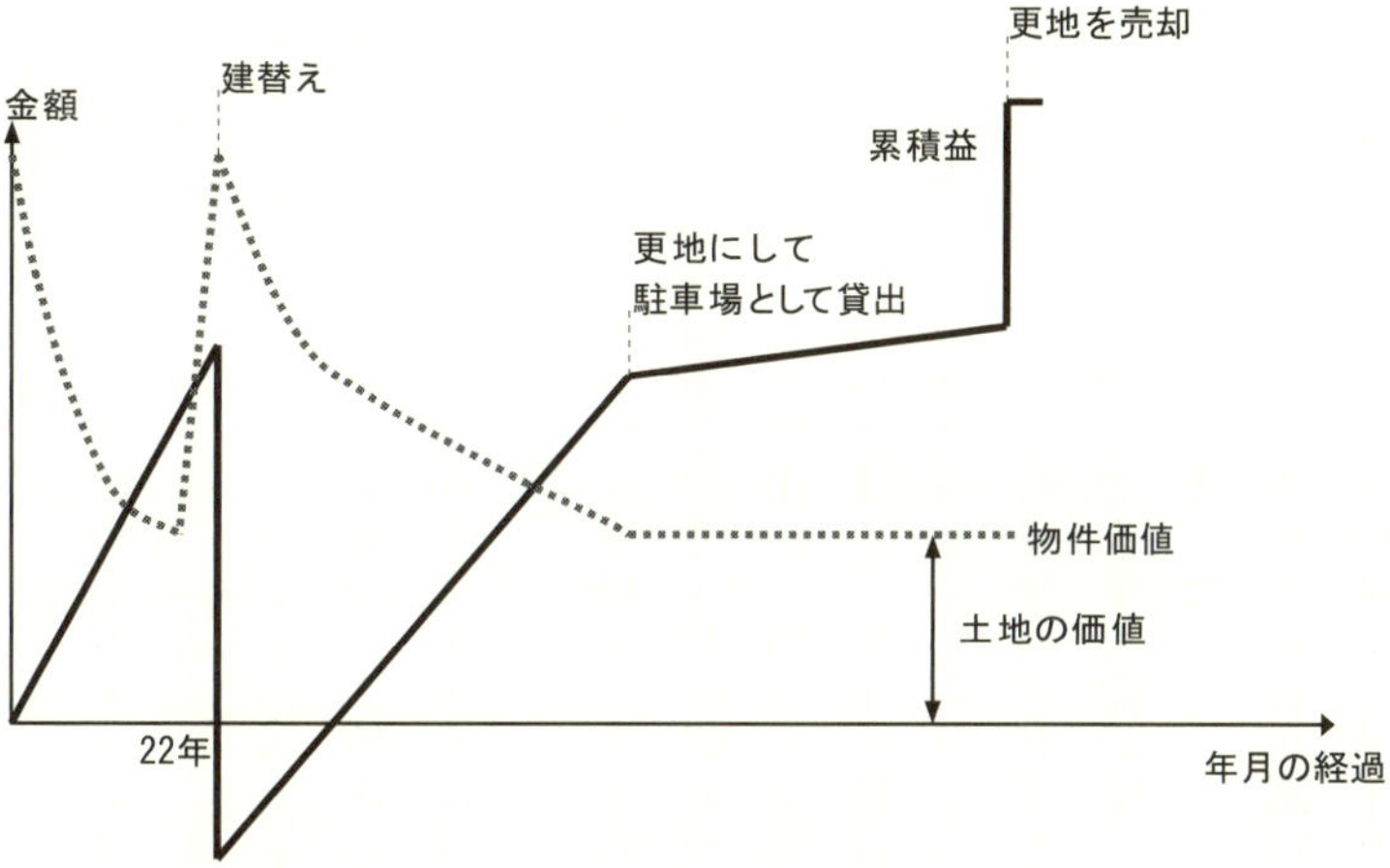

図５　ワンルームマンション投資の収益

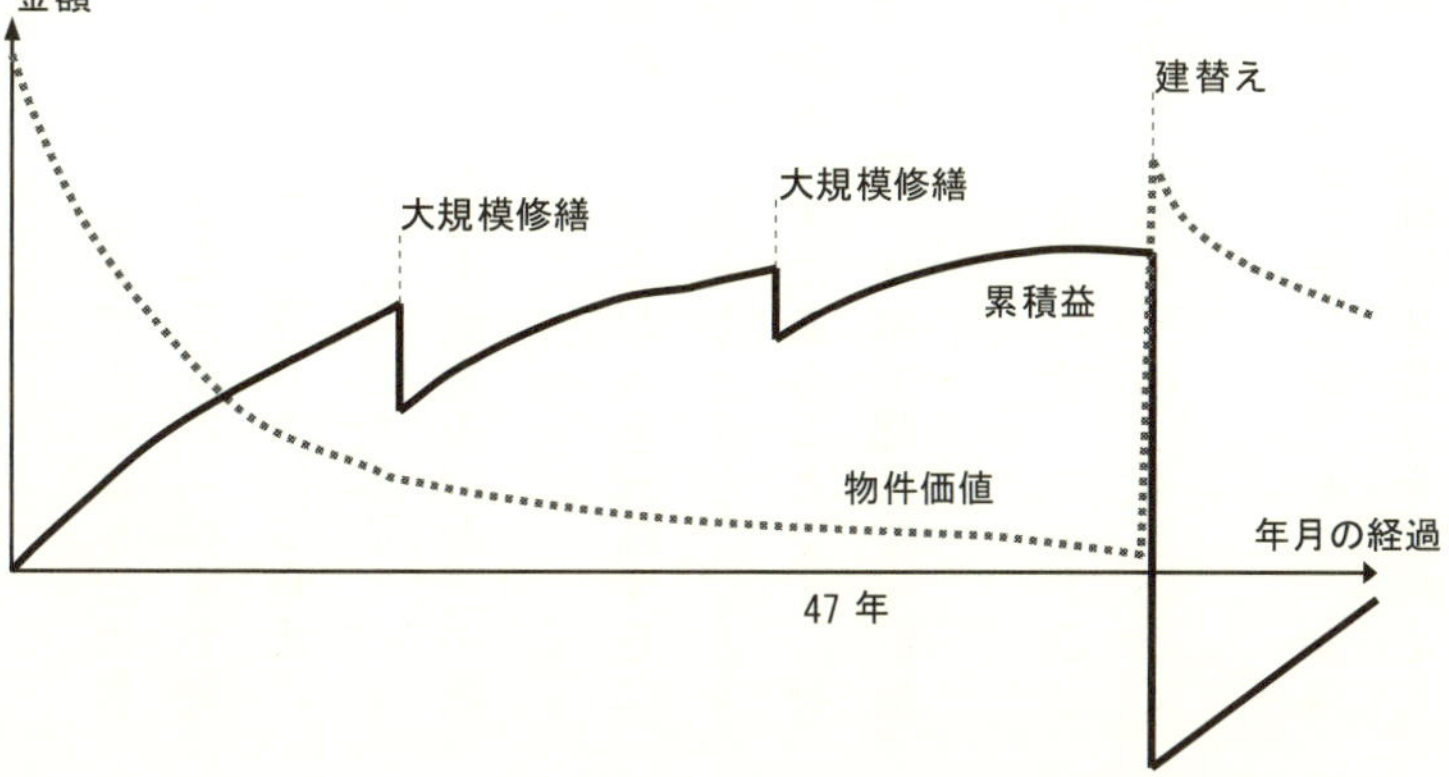

有利になっていると考えられます。

土地付き一棟ものアパートとワンルームマンションの違いは、投資10か条での、日本刀の名刀とカッターナイフのたとえが直感的に分かりやすいと思います。沢孝史さんの「お宝不動産」のセミナーでお話を伺った『アパート投資の王道』(ダイヤモンド社)の著者・白岩貢氏の場合は、田園都市線の駅近という立地で、土地から仕込んで50年間賃貸を目指した木造アパートを新築し、10%近い利回りで運用しておられます。これなど正に、名刀を鍛え上げた匠の技といえましょう。

私の場合は、本業のサラリーマンを継続しながら、長期間にわたり安定な収入を確保するには、区分所有マンションを対象とする不動産投資が自分に最も合っていると考えました。マンション投資を選んだもう一つの理由は、自分の生活圏がマンションエリアにあることです。身近で多くのマンションに出会いますし、自分の住まいもマンションです。仕事も都心&京浜地区ですから、通勤途中にも物件調査がタイムリーにできます。

都心は地価が高いのですが、容積率を有効利用して戸数を確保していますので、1室あたりの土地負担は小さく、手頃な価格で入手可能です。それに対して賃料は高めで借手も多いので、インカムゲインでは有利だと考えました。

また、購入価格のうち、建物の占める割合が高いので減価償却が大きく落とせ、キャッシュフローが確保できます。売却時、建物価格は値下りしていますから、減価償却費分を含めても

表15　資産価値を比較すると

項目	価格	建物価値	土地価値	経年変化	流動性（出口買手）	大規模修繕費	取壊し	出口	流動性順位	管理	長所	短所
中古ワンルームマンション１室	～１千万円	数百万円、十数年程度でほぼ0	ほぼ０	十数年程度でほぼ０	少額現金顧客	数千円／月＋50万円／15年	管理組合協議、数十万円	区分所有権売却	1	管理組合＋管理会社	少額。売買、管理がシステム化されている。	出口では現金以外は残らない。管理組合員の義務だけ残る。
新築ワンルームマンション１室	～３千万円	～1千万円、47年で０	ほぼ０	47年後ほぼ０	同上	同上＋管理基金10万円	管理組合協議、数十万円	区分所有権売却	3	管理組合＋管理会社	少額でレバレッジが効く。評価額圧縮による相続対策。	価値下落率最大。
中古ファミリーマンション１室	～数千万円	～1千万円、数十年で０	100万円程度	実需の価値有り	投資＆実需客	数万円／月	管理組合協議、百数十万円	区分所有権売却	2	管理組合＋管理会社	出口に実需が期待でき価値下支え。	維持コスト大。再建築での組合合意困難。
中古アパート１棟	～１億円	数百万円、十数年で０	～数千万円	土地価値のみ	融資動向による	数百万円／数年	数百万円	売却、再建築、駐車場、宅地、更地	7	自己裁量＋管理会社	レバレッジが効き、少額で土地が手に入る。建物維持コスト少。	建物の寿命が短く、最後は土地の価値のみ。
中古マンション１棟	～数億円	数千万円、数十年で０	～１億円	土地価値＋建物十数年で０	融資動向による	数千万円／数年	数千万円	売却、再建築、駐車場、宅地、更地	9	自己裁量＋管理会社	土地、建物とも価値大。建物寿命長い。	維持費の計画的管理要。出口での建物取壊し、再建築投資大。
新築アパート１棟	～１億円	数千万円、22年で０	～数千万円	土地価値＋建物22年で０	融資動向による	数百万円／10年	数百万円	売却、再建築、駐車場、宅地、更地	6	自己裁量＋管理会社	時代に最適な価値ある賃貸物件を自分で作れる。	都市部では旗地（クズ地）などの有効活用ノウハウ必要。
中古一戸建て	～１千数百万円	数百万円、十数年で０	～１千数百万円	土地価値＋建物十数年で０	融資動向／実需客	数百万円／数年	数百万円	売却、再建築、駐車場、宅地、更地	5	自己裁量＋管理会社	出口売却時に実需ニーズあり。	地価の安い郊外、地方に限られる。
新築一戸建て	～数千万円	数千万円、22年で０	～１千数百万円	土地価値＋建物22年で０	融資動向／実需客	数百万円／10年	数百万円	売却、再建築、駐車場、宅地、更地	4	自己裁量＋管理会社	未開拓の領域。立地を選ばない。賃貸需要が立地によらない。力量次第で価値ある賃貸物件を作れる。	安価な土地仕入れと、安くて競争力のある建物建設の力量必要。
新築マンション１棟	～数億円	数億円、47年で０	～１億円	土地価値＋建物47年で０	融資動向	数千万円／15年	数千万円	売却、コンバージョン、再建築、駐車場、宅地、更地	8	自己裁量＋管理会社	容積率で家賃を増やせ、都市部の高い土地でも投資がペイする。	建築時の近隣交渉の力量が必要。

課税されることもありません。(売却時の税金を決める売却益の計算方法は、(売却価格+減価償却費の累積合計)－購入価格＝売却益とするルールになっています。当然、マイナスになった場合には税金はかかりません。)

●購入の際のメリット

*小額で投資できる

ワンルームマンション投資の最大の特徴は、1室ごとの価格が小額であることです。限られた資金でスタートでき、始めやすいといえます。

*現金決済の強みを生かせる

一般に、銀行は中古のワンルームマンションには融資してくれないので、全額現金による購入となります。家賃収入があるにも関わらず、売主が物件を手放すのは、何らかの事情で現金が必要となった場合です。その際、買手の手元に現金がありいつでも決済可能なら、時間的な条件で売主側に譲歩する(すぐにでも支払いをする)ことで、価格面で有利に交渉することができます。

競争相手となる買手がいても、ローン審査が必要だったり、決済時期に条件があったりする

表16　投資効率を比較すると

項目	価格	表面利回り	担保価値	必要自己資金	残存寿命／法定減価償却年数	融資期間	減価償却期間／年度毎経費計比率	キャッシュフロー	投下資本利益率（ＲＯＩ）	長所	短所
中古ワンルームマンション１室	～１千万円	～10数%	0	100%	30／47年	0	20数年／中	大	数%	少額の現金を小刻みに分散積上運用できる。	レバレッジ無し。投資効率悪い。
新築ワンルームマンション１室	～３千万円	～６%	提携ローン	10%	47年	30年	47年／少	マイナス	マイナス	自己資金ごくわずかで所有でき、現金より評価額を圧縮できる。	キャッシュフローはマイナス。
中古ファミリーマンション１室	～数千万円	～10%	残存年	50%	30／47年	20年	20数年／中	中	10数%	少額でレバレッジも効く。	維持管理費で投資効率低下。
中古アパート１棟	～１億円	～10数%	土地分	50%	15／22年	10年	10年／大	大	10数%	自己資金入れればローンを組んでも手元にキャッシュが貯まる。	自己資金必要。資金効率不利。
中古マンション１棟	～数億円	～10%	土地＋建物残存年	10%	30／47年	30年	20数年／中	少	数十%	多額のローンを長目に組めるので、投資規模を短期で拡大できる。	空室により資金ショートを起こしやすい。
新築アパート１棟	～１億円	～10%	土地＋建物	０～10%	22年	20年	22年／中	少	数十%	ローン長さを選択でき、キャッシュフローとの規模拡大の選択自由度あり。	土地、建物を割安に実現する力量が必要。（クズ地活用ノウハウ等）
中古一戸建て	～１千数百万円	～10数%	土地＋建物残存年	50%	15／22年	10年	10年／大	大	10数%	利便性より環境が好まれ、立地に関係なく賃貸需要がある。	賃貸ニーズのある建物を安く実現するノウハウ必要。
新築一戸建て	～数千万円	～10%	土地＋建物	10%	22年	20年	22年／中	少～中	数十%	未開発の賃貸需要あり。ローン長さを選択でき、キャッシュフローとの規模拡大の選択自由度あり。	メニュー商品がなく、安い土地入手と、独自の建物実現の力量が必要。
新築マンション１棟	～数億円	～10%	土地＋建物	０%	47年	30年	47年／少	少	数十%	フルローンで、最長期間借入れでき、短期で事業拡大できる。	多額の資金を運用できる手腕が必要。

場合は、たとえ安い買付証明でも現金即時決済の実績がある買手の買付証明が最優先となるケースが多いのです。現金ならローン審査も保証人も不要ですから、購入の意思決定を自分だけですることができ、買いのタイミングと価格交渉に専念できます。

＊流通量が多い

ワンルームマンションは1室単位で売買されますから、流通量は一棟ものに比べると膨大で、有利な物件に出会えるチャンスも多いといえます。目ぼしい物件を普段から予習・下見しておき、売室が出たら即座に買いを入れることも可能です。しかも小額であるが故に、同じ仲介業者で複数回の成約実績を積むことで、馴染み客として覚えてもらえます。すると、決済の信用もでき、最優先で有利な物件の情報を提供してもらえるという、好循環を作りだすことができます。

＊システム全体を買える

多くのワンルームマンションは新築時に、販売会社が建物の管理から専有部の賃貸管理までまとめてシステム化し、パック商品として販売します。それを売主が継承したまま中古で売出す場合があります。

特にワンルームマンションに特化した販売業者は、自社販売物件に限っては、オーナーが変わっても家賃保証システムを継続更新するのが商習慣になっています。実際、築30年程度経過した物件でも家賃保証している例があります。こういった継承物件は、共用部の過去の管理・修繕履歴（トラックレコードと言います）や将来の修繕計画、入居者情報（レントロール）などを、同じ業者から手間なくまとめて入手でき、物件についての正確な情報を事前に吟味できます。購入後の管理もほとんど労力を必要としません。

このように、管理システムを丸ごと購入できる点も大きなメリットです。この管理システムの継承は、将来自分が売却する際にも、貴重な価値となります。

＊分散投資ができる

1室の価格が比較的小額なため、物件、場所、時間を分散して投資することができます。不動産投資で最も難しいのは、その物件の価値や賃貸需要が将来どのように変化するかを見極めることです。自分では良い物件だと判断して購入しても、不測の状況変化が起こることがあります。

その変化への対応策の意味で、1室ずつ立地や建物を分散しておけば、リスクヘッジができます。さらに、株式投資のナンピン買いのように購入時期も分散すれば、不動産相場を平均化して購入することになり、リスクヘッジにもなります。

●賃貸管理面のメリット

＊建物の寿命が長い

建物構造が鉄筋コンクリート（RC）か鉄骨鉄筋コンクリート（SRC）であるマンションは、法定耐用年数は47年間です。実際の賃貸物件としての商品価値がいかほどかはそれぞれに異なるでしょうが、木造の建物より寿命が長いことは確かです。区分所有物件の建替えは、日本ではファミリーマンションでの実例はありますが、投資用ワンルームマンションは初期のものがようやく築30年を超えた程度で、実例はこれからの段階です。今はまさに実験段階といえます。

自己所有の小さな土地付き一棟ものアパートといえども、建替えは賃借人の立退きや、建築業者との段取りなど、その労力と手間はそれなりに大変です。サラリーマンを本業とする場合は、長年にわたって安定した賃貸運営が継続できる方が助かります。老朽化対策も、10〜15年ごとに管理会社が大規模修繕を提案してきますので、管理組合の積立金が十分あれば、それを繰り返すことで、手間なく商品価値を保つことができ、可能な限り長く貸せます。

＊賃貸管理がシステム化され選択できる

賃貸システムも、家賃保証、家主代行、入居者募集のみと、賃貸管理会社によってメニューが作られ、オーナーが選択できるようになっています。特に近年は賃貸管理ビジネスが注目されているため、私のところへも、「お持ちの部屋をぜひ管理させてください」と毎週のように勧誘の電話がかかってくるほどです。システムの条件も、後述するようにオーナーがいろいろ選択できるものが準備されていますから、私自身も便利に活用しています。

ワンルームマンションの場合は建物全体の管理も管理会社が行い、オーナー管理組合が運営を議決する形態でシステム化されているのが普通です。私自身、自宅マンションが自主管理だったことがあり、理事会役員を経験し、大規模修繕工事も2回実施しました。すべての管理（管理人の雇用、日常の清掃、修繕工事の際の業者交渉、会計管理等）を自分たちで実施する場合、その労力は大変なものです。定例役員会や、入居者と関係業者の間に立っての交渉など、正直言ってサラリーマンの仕事やプライベートの生活を犠牲にしなければとうてい勤まりません。自宅1室だけでも、この苦労です！

これらの体験からも、共用部の管理はプロの業者に任せてシステム化し、管理組合の財政と議決方針を注意して見ていくのが、投資物件では重要だと実感しています。特に自社ブランドの物件を何棟も管理している会社なら、トータルで効率的な管理を期待できます。

＊部屋ごとにリスク分散できる

最近のように社会が急変すると、賃貸需要も急速に変化していきます。人口の増減から、会社や学校の移転、新線・新駅の開設、路線相互乗り入れなどが大きな影響を与えます。このリスクヘッジとして、1部屋ごとに時間差をつけて、エリアを分散し、建物、間取りなどに変化をつけながら購入してゆく方法であれば、時代に合った賃貸ニーズに追従できますので、場所を移せないという不動産の弱点を補えます。また、地域や建物が異なるので、学生、若い独身女性OL、外国人男性労働者など、全く異質の顧客層を1部屋ごとにターゲットとすることができます。

また、長年所有した古い部屋を売却し、そのキャッシュフローを活用して時代にあった新しい部屋を購入して、所有物件の入替えを全体的に図っていけば、区分所有最大のリスクである老朽化への対策にもなります。

●出口（売却）の際のメリット

区分所有で最も難しいのが出口戦略と言われています。土地の持分がわずかしかなく、オーナー個人の裁量が限定されるため、管理組合レベルでは建物全体の建替えといった選択肢がありますが、個人では区分所有権の売却という選択肢に限られます。

＊流動性（換金性）がある

売却の際には、小額である点と流通量が多いことから、成約機会が多く換金しやすいといえます。

＊買取りシステム等が利用できる

仲介業者を経由して個人投資家へ売却するほかに、業者に買取ってもらう方法があります。価格は割安となりますが、資金回収が十分にできていれば現金化の確実性とスピードという点ではベストの選択です。ワンルームの場合、仲介業者を介した売買だけでなく、管理会社でも買取りシステムを持っている所があり、便利です。

＊抵当権の縛りがない

購入時に全額現金で購入しているなら、抵当権が設定されていませんから、売却の意思決定も自分だけでできます。賃貸需要が急変した場合や、保有物件を徐々に入れ替えてトータルとして築年の若返りを図りたい場合など、その時の最適なタイミングでフットワーク軽く売却できます。しかも小額の物件を複数所有していると、必要以上に物件への愛着の情に流されて売却できないという投資ミスも起き難いです。

●デメリットはなにか？

＊担保価値が無いため、資金調達ができにくい

銀行は中古ワンルームマンションの担保価値をゼロとみなすことが多いので、一般的には物件それ自体には融資しません。ですから購入時の資金は自己資金に限定されます。購入後も、物件を担保に借入れをして、レバレッジを効かせて投資を拡大することはむずかしいでしょう。

＊いつか建物寿命が尽きる

土地の持分がわずかで、用途も限定されているため、建物の寿命が尽きるときが投資の終焉となります。管理組合で合意した上で、建物をとり壊して更地として売却し、売却代金を各オーナー持分で分配するか、新たにマンションを建設し直すこととなります。取壊すだけか、再び建設するのか、いずれにしても、まとまった出費を伴うことになるでしょう。

＊使用用途に制限がある

自分の専有分を賃貸するという投資手法に限定されます。その用途も管理組合の規則によって限定されます。自分の判断だけで、ペット可としたり、1階専用庭にバイク置場や駐車場を増設したりなどの付加価値を付けることはできません。

共用部のスペースを有効活用するために、自販機を設置したり、時間貸駐車場に用途変更することも考えられますが、その際には管理組合の合意が必要ですし、誰がその音頭をとるかと

いう問題も生じます。

＊オーナー個人の裁量の幅が狭い

仮に、共用部の管理が悪く、掃除が不十分で痛んでいたりした場合でも、管理会社を変えるには管理組合の議決合意が必要です。その逆に建物管理が悪い物件を安く買って、それを改善することで価値を高めることも一人のオーナーの自己裁量ではできません。

老朽化に伴う大規模修繕工事実施も、管理組合の合意が必要です。私はすでに所有している物件のうち、何棟かの大規模修繕工事を経験しました。ワンルームマンションの場合、管理組合員は投資目的のオーナーなので、大規模修繕が否決されることはありませんでした。大規模修繕を望まないオーナーは自分の部屋を売却して、修繕費の出費を事前に回避するようです。

しかし、投資用ワンルームマンションの老朽化がすすみ、最後の建替え問題がどうなるかは、世の中全体でも未経験の領域で、実績のあるプロの業者もいない状況です。

ファミリーマンションの建替え問題は、私も身近で経験しました。私の義母が住む築40年以上を経過した公団分譲マンションは、ここ十数年で3回ほど建替え審議が浮上しました。建物の定期大規模修繕もしっかり行われていますから構造上は問題ないのですが、間取りや共用部の構造が次第に現在のライフスタイルに合わなくなりつつあるというのが建替え審議浮上の理由です。しかし、いずれも管理組合で否決されました。生活の場がそこにある場合、建替えはなかなか難しい問題です。数値上は建蔽率、容積率に余裕があるので、それを生かせばいろいろ有利な選択肢があるのですが、それにも関わらず、意見がまとまらないのです。

これに比べて、ワンルームマンションでは投資目的のオーナーがほとんどなので、上記の事例よりは意見がまとまりやすいかもしれません。退去交渉もプロの賃貸業者が対応することでしょう。しかし資金的には、敷地に余裕がない場合が多いので、新築物件購入並みの追加投資が必要になると推測されます。

第3章　シミュレーションの力で見極める

　ここでは、収支のシミュレーションを行い、ワンルームマンションへの投資とはどういう性質のものか、ワンルームマンションが自分の投資対象として適しているかどうかを考えてみましょう。

●長期間の運用の見通しを持つ

　物件の検討というと、一般的には、〈価格、立地、利回り〉などがまず頭に浮かんでしまいますが、投資が目的である以上、知りたいことを突き詰めていくと、「いくら投資したら、いつまでに、どれだけの利益が戻ってくるか？」になるはずです。極論すれば、その収支が投資対象として満足のいくものであれば、どこのどんな物件であろうとも良いわけです。（これは、何を買ってもいいということではなく、数値を最優先にして考えるべきだということです。）

　つまり、最初に〈価格、立地、利回り〉などの条件があるわけではありません。投資先として期待する運用成績を得るために必要な要素を、個々の物件の状況から数値化し、そこから将来の収支のシミュレーションをして妥当な投資額を算出し、実行するかどうか決めることになります。

最近は社会や経済の変化が激しく、10年はおろか5年先の状況も予想が困難だと言われています。10年以上先の正確なシミュレーションが難しいとしても、厳しいパラメータ（媒介変数）を設定しておけば、常に出口を見つけ出すための数値を明確化することができます。嵐の中でも自分のポジションをコンパスで常に把握しながら航海するのと同じで、これによって遭難のリスクを回避できます。危険な時は島影に退避できるでしょう。

理論値（シミュレーション値）と実験値（現在の投資状況）を常に比較しながら運用していくことで、この2つの間で乖離が生じたら、自己チェックをして何が原因かを探り出すことができます。（当然、こんな長期間の仮定計算では乖離していくでしょう。）それによって、その時々でより適切なアクションをとり、運用を改善していきます。

不動産投資、特にワンルーム投資は建物という耐久消費財への投資ですから、人に現役時代の生涯年収があるように、それぞれの物件にも商品寿命のうちに稼いでくれる総家賃収入があります。その権利を途中で買い取って運用するわけですから、「現役寿命があるうちにトレード料に見合う活躍をしてくれるかどうか？」を見極めると考えればいいでしょう。

特に、中古ワンルームマンションの区分所有の場合、賃貸商品としての寿命の間に建物が稼ぐ新築時から建替え時までの累計家賃を、複数のオーナーがチェンジしながら所有期間に応じて分け合っていくと考えられます。従って、築年が古くなるほど残り時間が減り、利回りが高くないとペイしない計算になります。具体的数値は、この章の後半でご紹介するシミュレーションで計算できます。

収支を判断するために必要な要素として、購入時の価格、利回り、築年などの明確なものと、家賃下落率、空室率、物件価値などの将来を予測する必要があって直接確定できない要素があります。これらは建物のグレード、立地、間取り、設備等々の間接パラメータによって決まってくると考えられますので、物件についてできるだけ多くの情報を集め、それらをシミュレーションに入力できるよう数値化して評価することが必要です。綺麗とか豪華、便利、割安感などの定性的な印象は、その次のステップの判定要素と考えるべきでしょう。

不動産屋さんへ購入希望物件の条件を伝えるときは、いつまでにいくらの利益を確定したいかを自分なりに決め、次にそれを数値化して採算が取れる物件とは具体的にはどういうものかを考え、その条件を、一般に使われている「価格」「利回り」「築年」等々の用語で表現し直して伝えればいいわけです。

●マンション投資で成功するための8つのチェックポイント

では、実際にマンション投資の可否を判断するためには、どんな点に着目したらいいのでしょうか。私は常に次の8項目について検討した上で投資判断をしています。

成功するための8つのチェックポイント

1. 投下資金（買値）を何年で回収できるか？
2. 投下資金を回収できたとき、建物は築何年となっているか？
3. その時、自分の年齢と家族の年齢は何歳になっているか？
4. 買値をいくらにすれば、築30年までに資金回収ができるか？
5. 目標時期（例えば築30年時）の物件の価値（想定売値）はいくらか？
6. 築47年までにいくらの累積キャッシュフローがあるか？
7. 参考値として、築60年までの累積キャッシュフローはいくらか？
8. 法定減価償却期間が過ぎた後の建物価値（想定売値）はいくらか？

では、一つずつ説明していきましょう。

1. 投下資金（買値）を何年で回収できるか？

耐久消費財である中古の建物を賃貸用に購入するということは、買手はスポーツ選手をトレードするチームオーナーのようなものです。選手は年々歳をとっていきます。トレード料に見合うだけの働きをその選手が現役寿命中にしてくれるかどうかを見ぬいて、稼げるだけの価値に見合う値段で買う必要があります。

その間に予想される支出（維持費用）は、選手に支払う報酬にたとえられます。維持費用のうち、事前に明確に把握できるものは、仲介手数料、不動産取得税、保険料、賃貸手数料、広告費、管理費、修繕積立金、賃貸業者管理手数料、固定資産税などです。金額が予測しにくいものには、退去時リフォーム費、専有部設備修理費（エアコン、給湯器等）、大規模修繕費などがあります。これらは自分の所有物件の実績からある程度見当がつきます。

一方、家賃収入はたとえて言うなら選手の成績です。もし、打率3割で10年間活躍する野球選手の契約金の標準が1億円だとして、選手が期待通り10年活躍すれば元が取れるとしたら、2割5分で15年活躍してくれればOKだと考えることができるのではないでしょうか。

単純化した不動産投資のモデルケースを考えてみましょう。

築年	築15年経過
購入額（購入諸費用含む）	1000万円
年間表面家賃	100万円
年間諸費用	20万円

年間諸費用の代表的例としては、修繕積立金、共用管理費（給湯費や町内会費が必要な場合

もある)、固定資産・都市計画税、賃貸管理委託手数料、その他維持修繕費(数年ごとに発生する額を仮に均等割りしておく)、地代(借地権物件の場合)などがあげられます。

この物件を現金で購入した場合、将来の状況が変化しないと仮定し、また所得税等を考慮しなければ、投下資金を回収できるまでの期間は12・5年(1000万円÷80万円)となります。毎年、家賃収入というキャッシュフローが見込まれる不動産投資では、投下資金の回収が進めば進むほど、リスクは小さくなります。資金回収の早さがリスク回避の重要なファクターなのです。

2.投下資金を回収できたとき、建物は築何年となっているか?

12・5年を経過した段階で投下資金はすでに回収できていることになりますから、次に問題となるのは、この物件があとどのくらい使えるかです。野球選手の中にはピークとされる年齢を過ぎてもまだまだ現役で大活躍する人もいますし、不動産でも優良物件なら築年数を感じさせずに稼動するものですが、それはごく一部です。建物は耐久消費財であり必ず寿命が来るという基本認識をしっかり持ち、投下資金が回収できた時点で、あと何年使えるかを冷静に判断することが重要なポイントとなってきます。

投下資金を回収できた時点でまだ賃貸物件として使える期間が残っていれば、残存価値は高くなります。残存価値を買値で割り、さらに資金回収に要した年数で割れば、その投資物件の総合的な年利回りを割り出すこともできます。

さきほどのモデルケースで、12・5年後に物件を650万円で売却したとします。この時点で投下した資金は回収できていますので、1000万円投資して、12・5年後に650万円の利益を上げたことになります。ですから、

650（万円）÷1000（万円）÷12・5（年）＝5・2（％）

となり、年平均5・2％の投資だったことになります。（簡略化するため、修繕維持費、家賃の下落、所得税等はここでは無視していますが、実際のシミュレーションでは全てを考慮します。）これは、短期的な利回りに惑わされずに、売却までを含めてトータルで考えて有利な投資か否かを判断するための、大切な目安となります。

一方、あなたからこの物件を買う相手の収支決算はどうでしょう。家賃が下落しなければ、

80万円÷650万円＝12・3（％）

という計算で、年利回り12・3％で築後27・5年の物件を買ったことになり、

650（万円）÷80（万円）＝8（年）

つまり、あなたから物件を買った相手は、そこからさらに8年後の、築35・5年の時点で購入

資金を回収することができる、という計算になります。

3．その時、自分の年齢と家族の年齢は何歳になっているか？

さて、ここで注意を払いたいのは、ご自身とご家族の年令です。

子孫代々に続く資産を残すために投資する場合は別ですが、純粋にご自身の経済状態を向上させるためであれば、予想されるご自身の寿命以上に物件の寿命を求めるのはあまり効率的とはいえないのではないでしょうか。理想はご自身と物件の寿命を近づけることであり、その前に物件の寿命が尽きてしまうと予想される場合には、投資するときに予め、売却などの出口戦略まで考えておくことが必要になるでしょう。

ご自身が現役であるあいだに資金回収を終えることができた場合は、給与のキャッシュフローもありますから、①売却する、②追加投資で物件の延命を図る、あるいはリフォームなどで価値をあげる、③築浅物件を買い足す、などの自由な選択肢が残されています。同時に、お子さんの進学や、親御さんの健康などを推定してシミュレーションしていけば、必要な家計支出も予想できます。物件と手持ちのキャッシュをどう組み合わせることが家族にとって最適な資産運用なのか？を考えます。たとえば、このモデルケースの場合、物件を売却してまとまった650万円を手にするか、引き続き毎年80万円の家賃を得られるほうがいいか？を判断することになります。

一方、ご自身の寿命より物件寿命が長ければ、相続されたご家族は、安定的なインカムゲインを得続けることができます。しかも元値はゼロですから、利回りは無限大です。もちろん、相続税の負担は必要になりますが、土地の持分はわずかですし、建物の減価償却が進み、評価額は下がっていますから相続税額上も有利です。相続後は売却してもよし、賃貸に出してもよしということで、出口の自由度があります。

不動産を所有すると、未来永劫自分のものであるような錯覚に陥りやすいものですが、あの世まで持っていけるものでもありません。不動産を所有するということは、すべての人の共用財産である不動産を占有できる権利を持っているだけだと考えておいたほうがいいでしょう。所有権に対して固定資産税を払っていることを考えれば、国から不動産を借りて、税額に見合う有効活用義務を負っているという見方さえできます。

４．買値をいくらにすれば、目標築年（例えば築30年）までに資金回収ができるか？

これは出口戦略のひとつの目安としての考え方です。

鉄筋コンクリート（ＲＣ）の建物の法定耐用年数である47年を、建物の寿命だと仮定しましょう。その場合に、築40年を超え、あと数年しか寿命のない物件を売却しようとしたときに、果たして買手は物件の価値を認めてくれるでしょうか。売却できたとしても、買い叩かれる可能性は大きいでしょう。しかし、築30年をひとつの目安として考えてみると、それまでに投下資金を回収できれば、法定耐用年数の築47年まで、あと17年が残っていることになります。

前述のモデルケースで言うと、築15年の時点で購入しますから、築30年の時点でのインカムゲインの累積は、80万円×15年＝１２００万円となります。ですから、１０００万円での購入は投資可能な範囲であるという判断が成り立ちます。

築30年の時点で売却する場合は、買手が残りの期間で再び家賃を得る余地が残っていますので、価値を認めてくれる可能性が高くなります。この時点で５５０万円で売却したとすれば、この売却代金と、インカムゲイン累計と投下資金の差額２００万円の合計７５０万円が手元に残り、

（２００万円＋５５０万円）÷１０００万円÷15年＝５％

でトータルの平均利回りが年５％になります（ただし税金等は考慮に入れていません）。一方、この物件を買った人は、家賃収入に変化がないと仮定すれば、

80万円÷５５０万円＝14・５％

と高利回りの物件を購入したことになり、約７年後の築37年時点で元がとれます。

区分所有での投資対象はあくまでマンションの１部屋という耐久消費財ですので、所有することに執着せず、売手と買手両方にメリットが残る有利な時期での売却も、選択肢のひとつと

しておきたいものです。

5．目標築年（例えば築30年）時の物件の価値（想定売値）はいくらか？

では、築30年が売却に支障のない限度だと仮定して、そのときの売却価格はいくらになるのでしょう。モデルケースでは概算の減価償却で計算していますが、シミュレーションでは自分の買値から経過年数分、法定値で減価償却して計算します。この計算方法は実際の売値より厳しい値と考えられますので、現実にはもう少し高めに売れる可能性があります。

実際には、その時点での下落した家賃と、買手が魅力を感じる利回りを考えます。そして、その利回りから収益還元法で算出される評価額が、そのときの予想売却価格になります。さきほどのモデルケースだと、利回り14・５％（家賃下落は考慮していません）、７年で元が取れる築30年の物件が５５０万円で売りに出されることになります。

6．築47年までにいくらの累積キャッシュフローがあるか？

築30年で売却を行わず、築47年（法定耐用年数）まで所有し続けることを前提とする場合には、投下資金の2倍程度の累積キャッシュフローが手元に残ることになります。この間それを複利運用しておけば、複利の力で資金は加速度がついて増加していくので、最悪のケースとして建替えに直面しても、資金の準備ができていることになります。

モデルケースでは、家賃下落、維持費、税金を考慮しなければ、単純累計でも80万円×32年＝２５６０万円になります。毎年の家賃80万円を32年間、５％で複利運用したとすれば単純には６４００万円になっている計算です。

しかし、その頃、自分は何歳になっているのか、最適な判断をする能力がまだ残っているかどうかは個々の投資家の事情によって大きく違ってきます。私は認知症の老親介護をしていますが、年齢を重ねると、健康な人でも脳の前頭前野から衰えることを実感しています。不測の事態への対応、ひらめきや発想の転換ができにくくなります。そうなった自分まで想定し、その事態に合ったプログラムを組んでおく必要もあると思います。

7．参考値として、築60年までの累積キャッシュフローはいくらか？

さらに、建物が法定耐用年数を超え、使用可能な場合もあるでしょう。ひとつの目安として築60年まで運用が可能な場合のキャッシュフロー累計はいくらになるのか、物件の状態、立地が非常に良い場合や立地が良く、利用ニーズが非常に強い場合にかぎっては、参考としてそこまで見込んで計算してみてもいいでしょう。モデルケースの単純計算では

80万円×45年＝３６００万円

となります。つい最近、森ビルにより表参道ヒルズとして再開発された建替え前の青山同潤会

アパートをご存知の方なら、築60年までの運用もあながち夢物語ではないと実感できるのではないでしょうか。

日本は築年数の古い物件に対して、建物としての骨格にはなんら問題がない場合でも、利用価値を低く見る傾向があります。建物寿命は成熟国ほど長く、経済発展している国ほど短い傾向があるようです。ヨーロッパと日本、中国を比較すればよく分かります。日本も成熟化や資源・環境保護を考え、今後建物の長寿命化は必須の課題と思います。ポイントは社会システムと建物の保守技術にありますが、最近の建築技術の向上によって耐用年数100年を想定した物件も現れてきました。法定耐用年数をすぎても、現役で活躍してくれる物件の場合は「うれしい誤算」となります。

8．法定減価償却期間が過ぎた後の建物価値（想定売値）はいくらか？

法定上、築47年で減価償却は終わりますが、管理がしっかりなされていれば、実際の売買価格はゼロにはなりません。従って、この時点で売却するという選択肢もあります。この場合、法定耐用年数を終わっていますので、法定耐用年数の2割の年数で割りだした大きな減価償却費を経費として落とせることに価値を認めてくれる買手も現れるかもしれません。古い建物の身近な一例として、私の勤務先が入っている都心の9階建ての貸ビルを見ておきましょう。築40年を過ぎ、オフィスビルとしては法定減価償却期間を過ぎようとしていますが、全フロアで常時満室状態が続いています。超高層ビルの半分以下の賃料なので、借手にメリットがあるからです。賃貸需要があれば価値が認められ、売値も付きます。

あくまで仮定の話ですが、築60年での建替えに直面した場合での累積キャッシュフローとのバランスや、想定売価も想像してみましょう。モデルケースでは、年80万円の家賃を得ながら毎年5％複利で運用し続けると、築60年までの45年間で単純計算では1億3500万円になります。

法定耐用年数をひとつの区切りとして投資をした物件が、築60年まで持ちこたえてくれれば、修繕維持費用を考慮しても、インカムゲインだけで十分利益が積み上っているはずです。そうなれば、仮に区分所有権を無償で譲渡しても、収支は大きくプラスとなります。

●正確なシミュレーション力が勝敗を決める

この8つのチェックポイントを検証するためには、物件を購入した場合を仮定して長期のシミュレーションを行う必要があります。モデルケースは、考え方をご理解頂くため、維持修繕コストや家賃の下落、空室などが全く考慮されていない理想状態での単純計算でした。では、正確なシミュレーションをするためにはどんな項目が必要でしょうか。

シミュレーションを行うために必要な値は、すでに確定している項目と、将来の不確定要素を予測する必要がある項目に分かれます。確定している項目は、

物件価格（交渉によって変動の余地があります）
築年数
現在の空室率、家賃設定
管理費・修繕積立金実額
修繕積立金残高の状況
税金、保険料、維持諸経費
建物の減価償却額、土地課税評価額
現在の物件時価

などがあります。一方、不確定要素を含み、推測が必要な項目は以下のようなものです。

将来の空室率、滞納率
将来の家賃変動率
今後発生が予想される修繕費等
耐用年数
将来の売却価格

この推測が必要な項目について、情報収集により誤差の少ない数値を得ることができれば、シミュレーションが正確なものとなり、投資判断も精度の高いものとなるでしょう。とくに、ポイントとなるのが将来の空室率や家賃変動率ですが、この値は何を根拠に決めればよいのでしょうか？

これらの値について、管理のプロであれば、膨大な部屋数についての豊富な管理経験があります。例えばどこのエリアであれば、空室率はいくら、どの物件の家賃下落率はいくら、などの明確な統計数値化データを長年積み上げて持っています。それらの情報を活用しない手はありません。

建物管理会社が専有区分の賃貸管理家賃保証をしている物件であれば、その空室状況、家賃の推移について、詳細なデータを所有しています。仮に、すでにその管理会社への委託物件を持っているのであれば、情報の入手はたやすいでしょう。例えば、この会社が当該物件で管理している部屋のうち何室が空室かという統計データから、瞬時に空室率が分かります。

そのようなコネクションがなくても、区分所有の場合はインターネット上で同レベルの空室情報や、場合によっては同一マンションの同一仕様の空室情報を調べることができますので、一定期間、空室の発生から入居が決まるまでの長さ（空室募集がアップされてから無くなるまでの期間）をトレースします。この方法なら、1室でも時間的統計データから、実際の入居状況と家賃が推測できます。また、お目当ての物件の近くにある不動産屋さんへ出向いてインタビューするなどでも、概算値を掴むことができます。

このようにして不確定要素を推測し、長期のシミュレーションをしてみることで、前述の「成功するための8つのチェックポイント」に対する答えが見えてきます。具体的にはエクセルなどを利用して数値を計算式に当てはめていくことになりますが、シミュレーションを最初から作るのは大変だと思われる場合には、沢孝史さんの「お宝不動産公式ホームページ」(http://www.otakarafudousan.com) にある、「お宝不動産鑑定ツール　リアルキャッシュフロー」を入手して、ご自分に合うように手を加えると理解しやすいでしょう。

●分析力をつける

シミュレーションで求める解（答え）は、前述した「成功するための8つのチェックポイント」ですが、その中でも重要な指標となるのが次の2つです。

1．投下資金（買値）を何年で回収できるか？

2．投下資金を回収できたとき、建物は築何年となっているか？

その結果をもとに、「その時、建物の稼働年数はあと何年残っていて、いくらで売れるか？」

の結論を導き出すことになります。

その算出のためには、購入から1年きざみで、家賃からすべての維持費を差引いた税引き後の累積キャッシュフローと減価償却後の物件価格を表にします。（当然、見込みの家賃下落率、空室率を組み込んだ数字をもとにします。）

この表から先の鶏と卵を常時ウォッチングできますので、今ならいくらで売ればインカムゲインとキャピタルゲインの合計で、いくらの利益になるかを常時把握できます。売却により、それまでの累積キャッシュフローと売却代金の合計値で、目標の利益絶対額（前章の鶏＋卵の合計価格のことです）が確保できれば、保有5～10年程度の適当な時期で売却するのもいいでしょう。

その時大切なのは、常に買手の立場に立ってメリットを考えることであり、売手側の希望的観測だけで過大な売却価格を設定しないようにしましょう。

●中野新橋物件の実例

それでは、具体的事例でシミュレーションを見てみましょう。筆者が２００２年に購入して約４年間賃貸している中野新橋の物件です。

前述のように、このシミュレーションでは将来に影響を及ぼすパラメータをいくらにするかがポイントとなります。購入時のパラメータは、家賃低下率を年１％、稼働率を年90％と仮定して計算しました。（実際には、購入時は家賃保証でしたので稼働率は100％で計算できますが、将来の管理形態の変更も配慮して最悪のケースを想定しています。）この値は、都心部の駅近ワンルームでは非常に厳しく設定した辛口の値といえます。パラメータの決定については、沢孝史氏の『エクセルでドカンと築くお宝不動産』が参考になります。

大きな不確定支出としては、6年ごとに入居者が入替わると仮定してそれに伴うリフォーム代11万円を、また15年ごとに総工費1500万円の大規模修繕がおこなわれると仮定してそれに伴う臨時支出を想定しています。その負担金の額ですが、全30室の場合、1室あたりの負担を50万円と考え、そのうち30万円を修繕積立金から支出し、20万円を臨時支出とすることを想定しています。（実際の修繕積立金は各戸月額3000円ですので、0・3×12か月×30室×15年＝1620万円貯まります。この15年間に管理費でまかないきれない小規模な臨時修繕が発生すると想定して、残り900万円程度を大規模修繕に充当できると仮定しました。）

シミュレーション結果は次頁のようになったので合格と判断し、購入に踏み切りました。

・投下資金は17年以内に回収できる

表面利回り12・8％でしたが、家賃保証システムを使い、実質利回り12％で購入したので、実質利回りをもとに計算した結果、投下資金回収に17年が必要となります。（念のため稼働率は90％と仮定していますが、家賃保証のため空室はありえないので、資金回収までの期間は実

表17　中野新橋物件のシミュレーション

西暦年			2002	2006	2011	2016	2018	2021	2030	2031	2036	2041	2046	2047	2048
オーナー　年齢			44	48	53	58	60	63	72	73	78	83	88	89	90
経過年			1	5	10	15	17	20	29	30	35	40	45	46	47
人生イベント							解雇			永眠1	永眠2				
妻　年齢			42	46	51	56	58	61	70	71	76	81	86	87	88
人生イベント															
子供　年齢			6	10	15	20	22	25	34	35	40	45	50	51	52
人生イベント					中学卒業		大学卒業	就職							
親　年齢			76	80	85	90	92	95	104	105	110	115	120	121	122
人生イベント			在宅介護	在宅介護	施設費用	永眠									
家族イベント大型出費項目					入学費用	入院費	入学費用	就職費		葬儀費	葬儀費	施設費用	施設費用	施設費用	施設費用
						葬儀費									
家族イベント大型出費金額			100	100	250	400	300	100		200	200	200	200	200	200
					100	300									
家計大型出費累積額	20		100	800	2800	5200	5500	5600	5800	6000	6200	7800	8800	9000	9200
	24.5														
価格	490	H3年売主は 2,500万円で取得　2002年時点の課税評価額　建物　1,158,100円＋土地3,187,849円　固定資産評価額　4,345,949円													
家賃	5.21	(月額)　売出価格　600万円													
家賃低下率	1	(%)													
積立修繕費	0.3	(月額)													
管理費	0	(月額)													
年収入(シミュレーション)	58.92		58.3308	56.03233	53.28619	50.67464	49.66621	48.19108	44.02338	43.58315	41.44714	39.41582	37.48405	37.10921	36.73812
満室割合(空室率)	90	(%)	52.49772	50.4291	47.95757	45.60717	44.69959	43.37197	39.62104	39.22483	37.30242	35.47423	33.73564	33.39829	33.0643
年収入(実績)	58.92														
家賃月額			5.1579	4.954658	4.711831	4.480904	4.391734	4.261295	3.892767	3.853839	3.664962	3.485343	3.314526	3.281381	3.248567
家賃収入			4.37481	4.202425	3.996464	3.800598	3.724966	3.614331	3.301753	3.268736	3.108535	2.956186	2.811304	2.783191	2.755359
表面利回り	12.8	(%)													
実質利回り	12.0	(%)													
固定資産税	2	(年額)	2	2	2	2	2	2	2	2	2	2	2	2	2
総合利回り	11.6	(%)													
初期費用	45.735		45.735												
仲介手数料	21.735														
登記費用	7														
保険料	2														
不動産取得税	15														
最終利回り	10.6	(%)													
長期修繕費			5				5							5	5
専有部入退去リフォーム費用								11							
投資総額	535.7		535.7	550.7	550.7	550.7	560.7	570.7	570.7	570.7	590.7	590.7	590.7	595.7	600.7
年キャッシュフロ			−0.23728	48.4291	45.95757	43.60717	37.69959	30.37197	37.62104	37.22483	35.30242	33.47423	31.73564	26.39829	26.0643
累積キャッシュフロー			−0.23728	170.5561	394.2373	605.9267	681.7774	786.2121	1128.554	1165.779	1315.097	1475.088	1626.208	1652.607	1678.671
回収残			536.0	380.2	156.5	−55.2	−121.0	−215.5	−557.8	−595.0	−724.4	−884.4	−1035.5	−1056.9	−1077.9

築年	1983														
築後経過年数	19		19	23	28	33	35	38	47	48	53	58	63	64	65
実用残年数(47年)	28		28	24	19	14	12	9	0	−1	−6	−11	−16	−17	−18
公称残年数(60年)	41		41	37	32	27	25	22	13	12	7	2	−3	−4	−5
減価償却年数,定額率	31.8	0.033													
建物(定額法)	196	0.4	5.8212	5.8212	5.8212	5.8212	5.8212	5.8212	5.8212	5.8212	5.8212	5.8212	5.8212	5.8212	5.8212
付帯設備(建物*0.3)(定率法)	58.8	0.3	8.3496	4.524961	2.104027	0.978335									
付帯設備償却残			50.4504	27.34096	12.71306	5.91135									
計上経費			66.9058	12.34616	9.925227	8.799535	12.8212	18.8212	7.8212	7.8212	7.8212	7.8212	7.8212	12.8212	12.8212
不動産所得			−14.4081	38.08294	38.03235	36.80764	31.87839	24.55077	31.79984	31.40363	29.48122	27.65303	25.91444	20.57709	20.2431
所得税、地方税	税率30%		−4.32242	11.42488	11.4097	11.04229	9.563517	7.365231	9.539953	9.421089	8.844367	8.29591	7.774333	6.173126	6.072931
税込ｷｬｯｼｭﾌﾛｰ			9.085144	37.00422	34.54787	32.56488	33.13607	34.00674	28.08109	27.80374	26.45806	25.17832	23.96131	25.22516	24.99137
累積ｷｬｯｼｭﾌﾛｰ			9.085144	168.5588	349.2558	519.2107	585.7989	685.1422	951.4987	979.3025	1123.557	1255.282	1380.799	1406.024	1431.015
税込回収残			526.6	382.2	201.5	31.5	−25.1	−114.4	−380.8	−408.6	−532.8	−664.5	−790.1	−810.3	−830.3
築後経過年数	19		19	23	28	33	35	38	47	48	53	58	63	64	65
実用残年数(47年)	28		28	24	19	14	12	9	0	−1	−6	−11	−16	−17	−18
公称残年数(60年)	41		41	37	32	27	25	22	13	12	7	2	−3	−4	−5
収入Σ築47年後			970.2	810.7	630.0	460.1	393.5	294.2	27.8						
収入Σ築30年後			417.1	285.5	102.4										
累積減価償却費			14	61	104	140	152	169	222						
買値一原価償却費			476	429	386	350	338	321	268	268	268	268	268	268	268
印紙税	1		1	1	1	1	1	1	1	1	1	1	1	1	1
仲介手数料	(3%+6万)×1.05		21.3	19.8	18.4	17.3	17.0	16.4	14.8	14.7	14.7	14.7	14.7	14.7	14.7
登記費用			7	7	7	7	7	7	7	7	7	7	7	7	7
売却諸費用			29.3	27.8	26.4	25.3	25.0	24.4	22.8	22.7	22.7	22.7	22.7	22.7	22.7
売値(原価償却した価格と仮定)			476	429	386	350	338	321	268	268	268	268	268	268	268
売却フロー損益			−43.5	−88.4	−130.7	−165.5	−176.8	−193.7	−244.5	−244.7	−244.7	−244.7	−244.7	−244.7	−244.7
最終総合キャッシュフロー			455.6	570.2	708.5	843.7	899.0	981.4	1,197.0	1,224.6	1,368.8	1,500.5	1,626.1	1,651.3	1,676.3
売却+賃貸総合収益			−34.4	80.2	218.5	353.7	409.0	491.4	707.0	734.6	878.8	1,010.5	1,136.1	1,161.3	1,186.3
最終総合利回り			−7.0	3.3	4.5	4.8	4.9	5.0	5.0	5.0	5.1	5.2	5.2	5.2	5.2

積立修繕費	月額	0.3	0.3	0.3	0.3	0.3	0.3	0.3	0.3	0.3	0.3	0.3	0.3	0.3	169.2
管理費	月額	0	0	0	0	0	0	0	0	0	0	0	0	0	0
固定資産税	年額	2	2	2	2	2	2	2	2	2	2	2	2	2	94
初期費用		45.735													45.735
長期修繕費	大規模修繕時	5.0	0.0	0.0	0.0	5.0	0.0	0.0	0.0	0.0	0.0	0.0	5.0	5.0	70
専有部入退去リフォーム費用	入退去時	0	0	0	0	0	11	0	0	0	0	0	0	0	88
年間理論最低家賃		9.9	9.9	9.9	9.9	9.9	9.9	9.9	9.9	9.9	9.9	9.9	9.9	9.9	466.9
月額理論最低家賃		0.8	0.8	0.8	0.8	0.8	0.8	0.8	0.8	0.8	0.8	0.8	0.8	0.8	

覚書(原価償却係数)													
耐用年数	1	5	10	15	17	20	29	30	35	40	45	45	45
定額法		0.2	0.01	0.066	0.058	0.05	0.035	0.034	0.029	0.025	0.023	0.023	0.023
定率法		0.369	0.206	0.142	0.127	0.109	0.076	0.074	0.064	0.056	0.05	0.05	0.05

際にはもっと短くなるはずです。現実には、手取り家賃もアップして購入3年後からは表面利回り15・2％になっています。以下、あくまで購入時点での最悪値シミュレーションで説明します。）

投下資金が回収できた時点で、マンションは築35年、筆者は60歳になっています。減価償却により物件価値は338万円、家賃は4・39万円に下落していることになります。中野で駅から3分で家賃4・39万円なら、修繕がしっかりしていれば借手は付くでしょう。売却する場合でも、法定償却期間を12年残して、表面利回り15・5％、価格338万円であれば、買手は現れるでしょう。17年間の投資最終利回りは、税金など諸費用を含めて4・9％になります。この値はちょっと小さすぎるという印象があると思いますが、それについては後述します。

・築47年時点でのインカムゲインの累積キャッシュフローは950万円

この時点で家賃は3・9万円、法定減価償却済みで物件の価値は268万円まで下落しています。法定償却期間は終了していますので、現在の税法では、法定償却年数の2割の年数で減価償却できるルールになっています。法改定がないと仮定しての話ですが、居住用でしたら47年×0・2＝9年でその時点の購入価格に対して減価償却できるということです。このメリットに注目し、家賃3・9万円を取れる物件に買手がいるか？　ということになります。

これはあくまで計算上の値ですから、現実問題としては、こんな先のことは分かりません。

図 6　中野新橋物件の経年変化

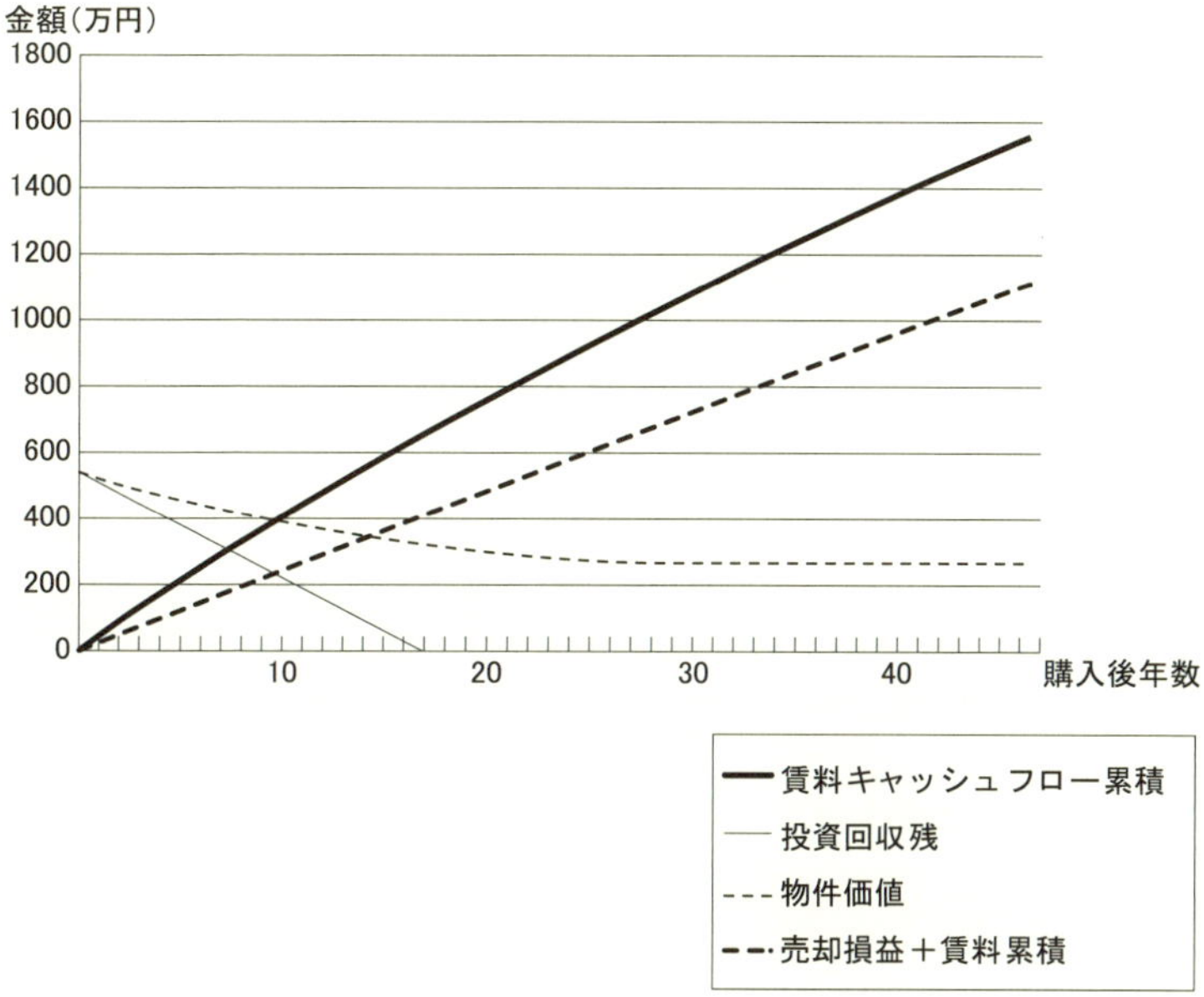

この物件のポイント

・2002年に築19年のワンルームマンションを購入

・初期投資は約540万、実質利回りは11.2％

・投下資金は17年以内に回収できる

このとき、筆者は72歳になっているはずです。もし無料で区分所有権を譲渡しても、手元には950万円のキャッシュが残ることになります。これは単純加算ですから、複利運用すればさらに金額は増します。

シミュレーションでは以上のような見通しでした。ところで、4年経過した現時点での実際の途中経過（実験値）はどうでしょうか？

入居率ですが、4年間（48か月間）で空室は1回2か月のみでしたので、シミュレーションの90％に対して実績は95・8％です。家賃下落率は、2002〜04年は月4万8920円の家賃収入でしたが、2005年からは前述のように5万2310円にアップしたので、シミュレーションでは年1％のダウンを予想していたのに対して、実績では年1・15％のアップでした。

これ以外に、シミュレーションには含めていない礼金と更新料が、実際にはインカムゲインとして加算されます。

物件価値は減価償却に基いて429万円に下落すると予想していましたが、現在インターネットなどで調査した取引事例では、550万〜600万円程度であれば買手はつきそうです。つまり、シミュレーション時には60万円程度のダウンを予想していたのに対し、約60万〜110万円程度のアップです。（ただし、あくまで現時点での含み益です。）

さて、ここでシミュレーションを少し振り返ってみましょう。投下資金回収時までの17年間の投資総合利回り年4・5%という数字は、最悪値での計算なので、厳しすぎて投資価値が無いという判断もありえます。この程度の利回りなら、リスクの少ない格付けの高い海外の債券などへの投資でも達成可能かもしれません。そこで、もう一度シミュレーションに戻ってみます。すべてを最悪パラメータに設定した辛口シミュレーションでしたので、今度は、実験値を参考にして見直してみましょう。もう少し実際に近いと思われるパラメータを採用します。

・家賃は現在の5万2310円（表面利回り15・2%）とする
・稼働率はこの4年間での実績値95%とする

以上を採用すると、投下資金回収期間は15年間に短縮され、単純に法定減価償却した15年後の理論物件価値は350万円になります。これで売却したとして、税金など諸費用を含めた総合利回りは5・3%になります。

これでもまだ、売値は現実の市場価値と較べれば辛めのシミュレーションといえましょう。この時点の家賃は4・5万円に下落している計算となりますので、仮に表面利回り11%、15年前の買値490万円で売れれば、総合利回りは年7・2%というシミュレーション結果になります。

従って、現実値にかなり近いと想定されるシミュレーションでは、15年間の最終投資利回りは年平均5・3〜7・2%のあいだと予想されます。いずれにしても、レバレッジを効かせない現金によるマンション投資では、総合利回りはこの程度になります。この程度の総合利回りでも不動産投資を行う価値があるかどうか、という判断は、個人の事情や志向によって違ってくると思います。

ちなみにプロがビジネスとして行う場合は、利回り10%程度を一つの目安とし、実際にはリスクをコントロールしつつ、借入金によるレバレッジを効かせて、この何倍の利回りが可能かを判断するようです。

●私が購入しなかった一例

シミュレーションをして、購入を見送る物件もあります。一例を簡単にご紹介しましょう。

ある時、渋谷駅から徒歩7分、道玄坂で880万円、1978年築（築27年）、総戸数156戸、占有面積16・6㎡、表面利回り9・5%という物件の紹介を頂きました。

大規模修繕は前年終わったところで、一般媒介物件で情報が公開されたばかりの物件でした。建物全体の総戸数が多い分、管理費の額は低く、修繕金の積立残高は多いので有利ですが、建築基準法改定前の建物なので現在よりも緩い耐震基準で建てられています。住戸の7〜8割はオフィス用途で、立地からも賃貸需要は問題ありません。一方、エレベーターが2基付いているので、住民には便利な反面、毎月の維持費と老朽化に伴う修繕費が負担になることが予想されます。

そして何より、この時点で築27年だったため、建物寿命と資金回収を考えるとこれがネックになるのではないかと懸念されました。シミュレーションをしてみると、築47年までに資金回収ができない計算となりますので、その前に資金回収ができてさらにいくらかの利益が出る価格で買取ってくれる方が現れるという保証がなければ投資できない、という判断になります。

このような検討を経て、この物件には買いを入れず、見送りました。

●データを使って検討する

なぜ買いを入れなかったのかを、具体的にグラフで見てみましょう。

図7のグラフではこの物件について、年度ごとの価格から坪単価を算出し（表中では実線）、その価格で購入した場合に資金を回収するのに必要な期間を計算しました。それを元に築47年時点で資金が回収できる坪単価を表中に点線で描いてみました。このデータを解析してみると、以下のことが分かります。

折線が実際の売買坪単価で、階数や部屋の向き、広さ、間取りによってばらつきはありますが、2001年あたりを底に明らかに上昇傾向にあります。特に、2004年以降、ペイオフの影響でしょうか、高値傾向が続いています。（たった1棟のデータなので不十分ですが。）今回の売出し坪単価を星印で表示しました。家賃収入という視点から見て、この購入価格で投資できるか、検討してみます。

点線は、築47年までに投下資金を回収できる購入価格の計算値を示しているので、売出し価格（星）は築47年回収線（点線）より上にあることからみて、この価格で購入しても築47年までに投下資金が回収できないことが分かります。

それでは、実売買価格（折線）と築47年回収曲線（点線）がクロスする2001年以前に折線で購入した場合は利益が出るのか？　という設問をしたとします。表18を見てみますと、2001年の売価を回収するには24年間を要することになります。これは許容できる年数でしょうか？

購入者が24年後に何歳になり、ライフスタイルはどう変化しているのか？　資金回収ができたとき、建物は築47年を経過してどんな状態になっているか？　これを購入者はどうとらえ、どう対処するのか？　という問題になってきます。

この投資をこの時点の売主の立場で計算すると、単純計算では27年間で1113万円の最終手取賃料と売却代金880万円を得て、利幅は964万円、最終総合平均利回りは年3・4％、この時点で1964万円のキャッシュが手元に残ることになります。（後述のように非常に辛目のパラメータで計算した値です。）その間のキャッシュフローは、その都度別の方法で複利運用することが可能ですし、税金面でのメリットもあったはずです。もちろん、この利回りが

図7　道玄坂某マンションの坪単価推移

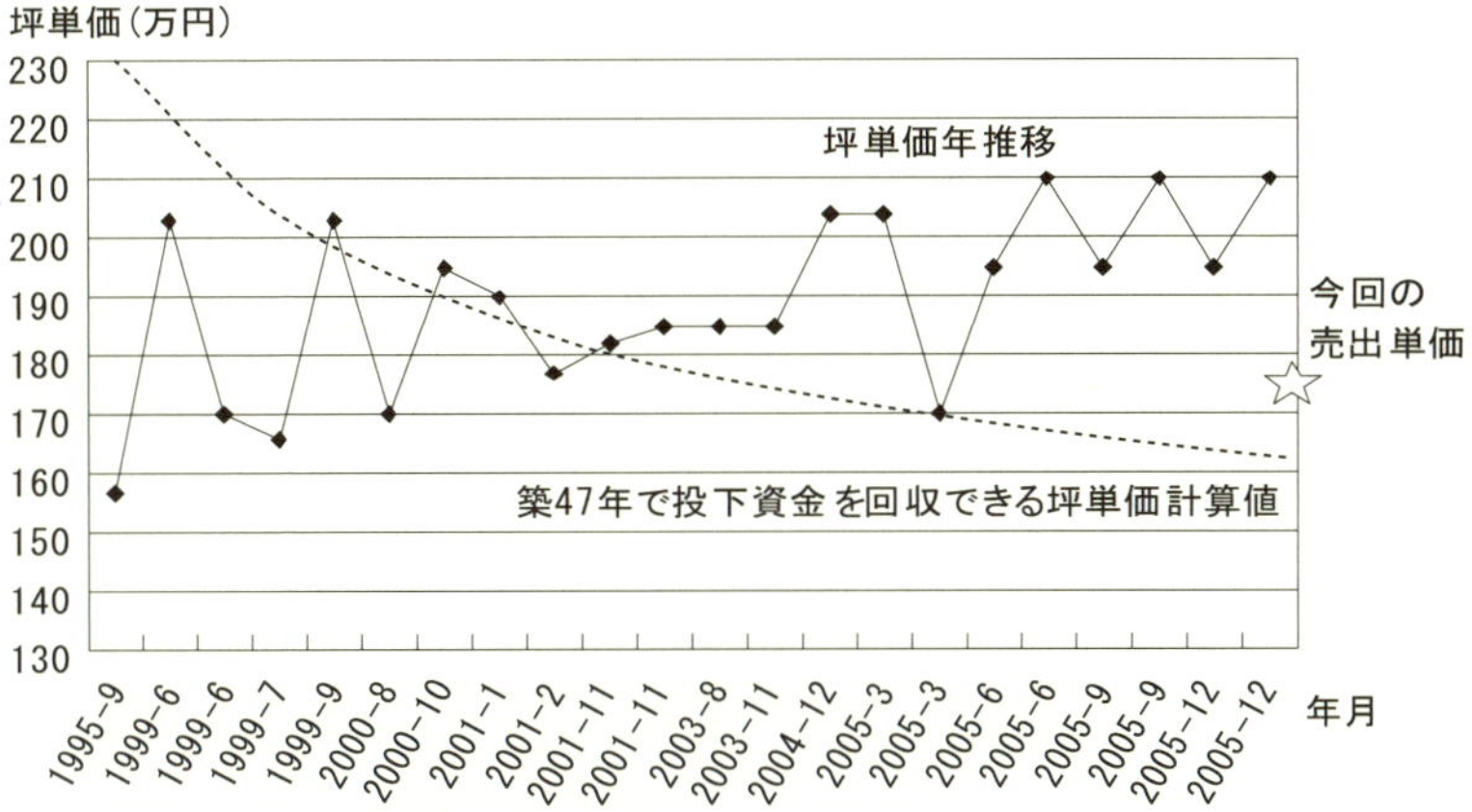

表18　築47年で投資回収できる各年での購入価格と必要回収期間

年	価格(万円)	坪単価	築年	実質利回り(%)	回収期間(年)
1984	1530	303.2	6	5.5	41
1985	1510	299.3	7	5.6	40
1986	1480	293.3	8	5.7	39
1987	1450	287.4	9	5.8	38
1988	1410	279.5	10	6.0	37
1989	1380	273.5	11	6.1	36
1990	1340	265.6	12	6.3	35
1991	1310	259.6	13	6.4	34
1992	1280	253.7	14	6.6	33
1993	1240	245.8	15	6.8	32
1994	1210	239.8	16	6.9	31
1995	1170	231.9	17	7.2	30
1996	1130	224.0	18	7.4	29
1997	1100	218.0	19	7.6	28
1998	1030	204.1	20	8.2	27
1999	990	196.2	21	8.5	26
2000	960	190.3	22	8.8	25
2001	940	186.3	23	8.9	24
2002	910	180.4	24	9.2	23
2003	890	176.4	25	9.4	22
2004	880	174.4	26	9.5	21
2005	870	172.4	27	9.7	20
2006	840	166.5	28	10.0	19

投資に値するかの判断は個人差があるとは思います。バブルの時に売却していれば利益はより大きかったはずですが……それは結果論にすぎません。

この物件のシミュレーションをしてみることで、区分所有の堅実な出口戦略を実践されたオーナーさんの姿に出会えた貴重な経験でした。

＊売主側の出口としてこの物件の価格を見ると

新築当初からこの部屋を所有していたこのオーナーさんは、十分資金回収ができたので現金化したいとのご意向をおもちでした。新築当初の価格は、いくつかのデータから１０００万円程度だったと推定されます。今回の売出し価格設定８８０万円（坪単価１７４万円）は、過去の取引事例の価格や周辺の物件相場から考えても、安めの設定です。なぜ、この価格で売りに出せるのでしょうか？

道玄坂でこの家賃は安いですから、実際にはバブルの頃はもっと高い家賃だったに違いありません。仮に当初から現時点の月７万円の家賃で27年間賃貸していたとしても、オーナーさんは単純に２２６８万円の賃料収入を得ている計算です。もちろん、空室や滞納、修繕などもありますし、各種税金、諸経費などもかかります。それらの要素をあわせて考慮したシミュレーションでは、インカムゲインによるキャッシュフローの累積は、約１１１３万円と計算されます。（道玄坂のロケーションとしてはかなり厳しい稼働率90％、家賃下落率年１％というパラメータで計算しています。）

しかし、従来は、礼金2か月、更新料1か月を入居者から受け取れました。この立地であれば、賃料はシミュレーションの家賃より高かったでしょうし、空室ももっと少なかったでしょう。内装リフォームも慣例上入居者から預かっている2か月分の敷金から清算が可能だったはずです。

ちなみに、賃貸住宅の自然劣化による原状回復費用は借手である入居者が敷金から支払うというのが、戦前の住宅事情から生まれ、最近まで続いた商習慣でした。それを現在の賃貸市場に合わせて是正するという趣旨で、原状回復費用は貸手のオーナーが負担するというルールができました。2004年3月の都議会で可決され、10月から東京都内で施行された「東京都賃貸住宅紛争防止条例」です。一般的に東京ルールと言われていますが、これが全国的に普及しつつあるため、現状復帰費用はオーナー負担が一般化しはじめています。

シミュレーションでは、敷金・礼金、更新料など一切含めていませんので、実際はシミュレーション値よりも高い累積インカムゲインが実現できていたはずです。従って、仮に全額現金で購入していたとしても、家賃収入で投下資金を回収し、さらにその倍ほどの額を手にしておられるのでしょう。

ですから理論的には、今、無料で譲渡したとしても利益は確保されます。だからこそ880万円という格安の売値を設定できたのでしょう。指値で買いが入るでしょうから、こういう背景なら、売値にこだわらずにすぐ応ずれば、成約するだろうと感じました。

＊買主の入口としてこの物件の価格を見ると

もう少し別の視点から見てみましょう。

図8と図9は、売主側と買主側シミュレーションです。買手のインカムゲインによる資金回収という視点からは、計算値より高めの売値であることが一目で分かります。減価消却の残存年数が少ないため、買手は減価償却の年数内に得られるインカムゲインだけでは投下資金を回収しきれません。売買価格と減価償却残存年数の取り合いの様子が手に取るようにわかります。この取引では売手有利の価格ですね。

この物件の場合、築47年までの残存年数では投下資金を回収できません。選手に例えるなら、トレード料金分を稼ぎ終わらないうちに、選手寿命が尽きてしまうので、トレードできないという判断になります。この物件を買う理由が成り立つとすれば、次のような場合に限られるでしょう。

・築47年になる前に、高い値段で買ってくれる買手が現れる

つまり、築47年になる前の段階で、投下資金を回収でき、さらに利益も積み増せることが確実な、かなりいい価格で売却できる場合です。不足する累積家賃収入の分を売却価格で補うと

図8　道玄坂物件の売主側出口シミュレーション

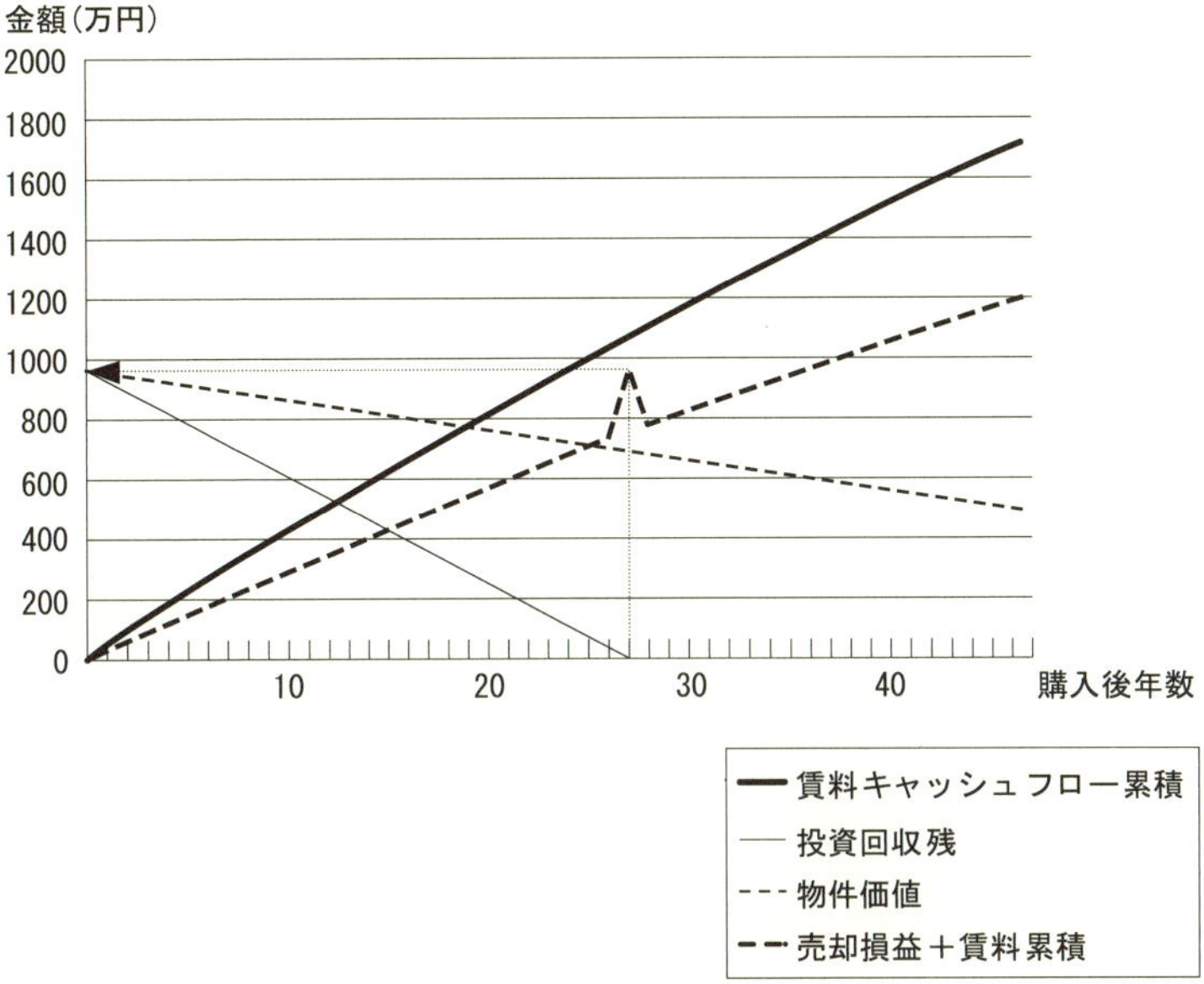

・売主は1000万円を投資して新築物件を購入。
・27年間で1113万円のインカムゲインを手にしている。
・建物の減価償却期間を20年残した築27年の時点で売却する場合、1113万円＋売値が利益となる。
・売出し価格は880万円。

いうことです。前述の鶏と卵のたとえでは、卵の数が足りないので、鶏をその分高値で売ってトータルで利益を確保するわけです。

これを専門的には、インカムゲイン不足で、ＮＰＶ（正味現在価値）の値がマイナスの状態なので、キャピタルゲインを上げることにより、ＮＰＶがプラスになる内部収益率＝ＩＲＲ(Internal Rate of Return）よりも高い利回りを達成する、ということになります。興味ある方はインターネット等で検索して勉強してみてください。専門的な数式が理解できなくても、エクセルの表計算を使えば、ご自分で計算できます。

・実需（自己使用）を想定する

投資目的ではなく、ご自分や家族が使うという目的であれば、このようなシュミレーションとは別の視点で物件を評価することが可能になるでしょう。

私の場合は、自分で使うめどはないですし、キャピタルゲイン中心の利益構造を描くと、将来の不動産相場任せ、買手頼みの投資となり、築年数という観点からも制限がかかるため、投資は見送りました。

図 9　道玄坂物件の買主側出口シミュレーション

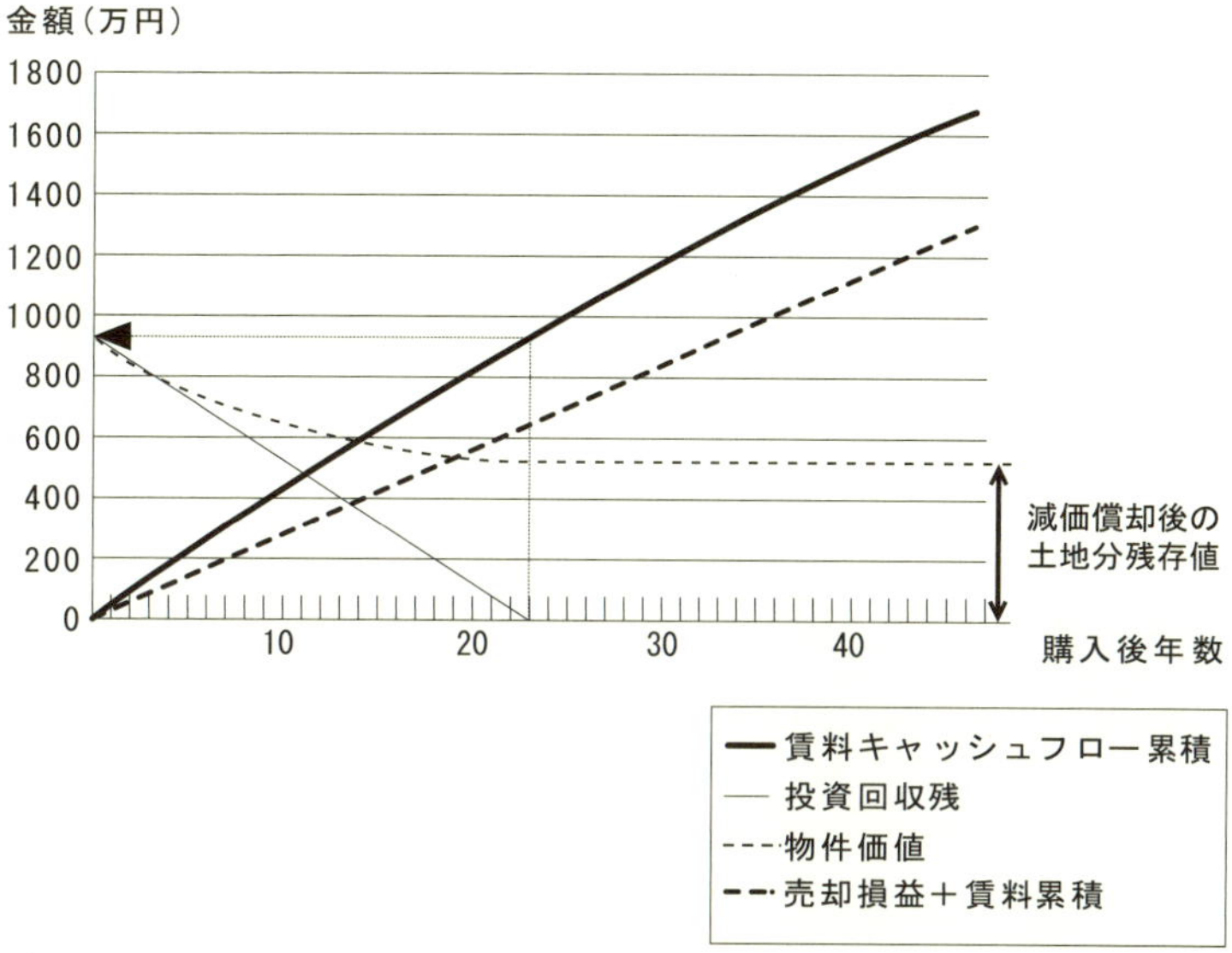

・買主は880万円で築27年の物件を購入。

・投下資金の回収が終わった時、築47年を過ぎている。

・利益を得るためには、高値で売却する必要がある。

第４章　物件探しから購入まで

ここまで、中古ワンルーム投資のメリット・デメリットを知り、収支のシミュレーションによって物件の投資価値を見極める方法を学んできました。では、肝心の物件はどうやって探したらいいのでしょうか。また、物件情報のなかから、シミュレーションどおりの収入を生んでくれる、本当に購入すべきものを絞り込んでいくには、どこを見ればいいのでしょうか。

実際の物件を調査し、価値やリスクを見極めることをデューデリジェンス（Due Diligence）といいます。本格的方法を知りたい方はインターネット等や専門書で調べるとよいでしょう。また、ハードウェア（構造）、つまり建築物に関する調査も必要です。しかし、建築については専門家に学ぶ必要があると考えていますので、あえて触れておりません。これについても、専門書やインターネットで学ばれることをお勧めします。

本章では、賃貸と管理などのソフトウェア（運用）面の考え方に絞ってお話しします。

●基本は地道な情報収集

物件を魚にたとえてみましょう。魚を食べたいときに切り身のパックをスーパーで買うなら、味や鮮度の割に価格が高いのを承知すれば、お金さえあればいつでも可能で、手間も労力も不要で、手軽で便利です。一方、少しでも安く新鮮な魚を手に入れたいなら、労力と知恵を生かし、海や川で釣りをすることになります。その場合、魚のいる場所に糸を垂らすことが必要です。魚のいない場所でいくら頑張っても徒労に終わります。

物件探しも同じで、有利な情報のあるルートの上流で情報を探すには、エネルギーとノウハウが必要です。中古マンションの情報を得るためのルートにはいくつかあります。サラリーマンとしての本業を持ちながら、どこまで時間とエネルギーとリスクを取れるかでルートを選択すればよいでしょう。

●上流の情報をつかもう

上流の情報としてよく例に出されるものに競売物件がありますが、私自身は競売の経験がありません。最近はご承知の通り、競売システムが広く公開されたことで一般化し、落札価格が上がってしまったようです。競売物件にはもうメリットがなくなった、と言う人もいます。

それはともかく、何よりサラリーマンの場合では、平日の昼間は動けないので官庁での対応がむずかしいというネックがあります。また、競売物件というと面倒なトラブルがあるように

●上流情報の早期入手が重要
売主と業者の個別事情とチャンスを活用する

図10　物件情報ルート

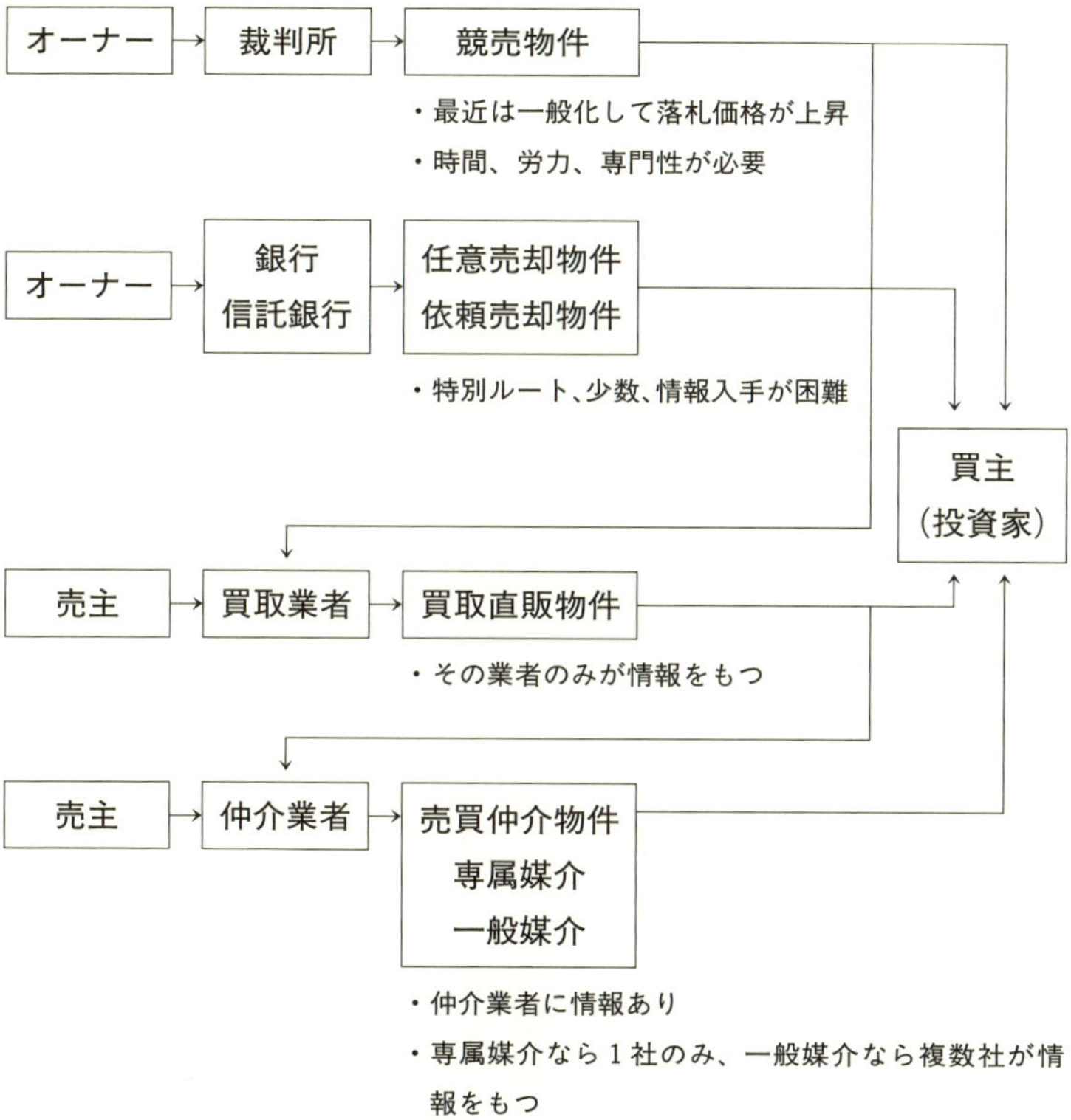

思いがちですが、競売物件だからといって問題ある占有者が必ずいるとは限りません。しかし、問題がないかどうかを見極め、問題がある場合に退去交渉などをして綺麗な賃貸商品に仕上げるためには、労力や時間、スキルが必要です。このあたりが、本業を持つサラリーマンには大きな負担になってしまいます。

次に、任意売却物件（略して任売物件と呼ばれます）ですが、銀行と特別の関係のない見ず知らずの素人が、金融機関や弁護士の先生に飛び込みでお願いしても、まず紹介してもらえません。それなりのルートをお持ちのプロの不動産業者さんを経由して、情報収集、権利関係の整理をお願いすることになります。私の体験からも、まずは不動産業者さんとのお付き合いを深めなければ、任売物件にまではたどり着けませんでした。いくら上流の情報がいいといっても、実際に回ってこなければ意味がありません。

従って、確実に実行できる方法としては、仲介業者さんが独自に持っている仲介情報（特に専属専任媒介情報）を、市場に流通する前に、なるべく早期につかむことです。そのためには、なるべく多くの業者さんへ同時にお願いしておく必要があります。

とはいえ、業者さんもビジネスですから、確実に成約してくれそうな顧客から優先的に情報提供します。契約実績のある馴染みのオーナーさんに、それも上流側から優先的に紹介するはずです。その情報が、飛込みの一見さんの顧客に回ってくるのは、馴染みの顧客を一巡した後ということになります。

ですから、このような上流情報をお持ちの業者さんと、いかに実績、信頼関係を築き上げていくかが、重要になります。信頼関係を築くためには、ギブアンドテイクが基本です。つまり、業者さんが上流情報を出せば、確実な成約と決済につながる、ということです。この関係が築ければ、さらにプラスアルファのいろいろなメリットが生まれるはずです。

もちろん、一般市場に流通している一般媒介の情報であっても、一概にすべてが不利とは言えません。うまいタイミングで、売手オーナーの事情と買手の指値がかみ合えば、希望価格で入手でき、意外なお宝不動産に化ける可能性があります。

●仲介会社をどう選ぶか

表19に中古仲介業者さんの例を示します。なかでも対照的な特徴を持つ２社について解説します。

N社の例

（中古区分物件にローンと家賃保証を付け、システム商品化して販売している）

数年前、あるマンション投資本の綴じ込みで知り、早速、連絡してみました。この会社は、某都市銀行と独自のパイプを持っているため、都心部の築浅中古ワンルームにローンをつけて紹介してもらえる点が他社にはない特徴でした。

もう1つの特徴が、銀行ルートの任売物件情報が入ることでした。複雑に債権者の利権がからみ合った任売物件の権利関係をきれいにして、自社でいったん買取り、再販しています。また、ビジネスの重点を、販売よりも賃貸管理と考え、販売物件には原則として更新継続の家賃保証をつけている点も特徴です。

元々、中古ワンルームの売買仲介業者さんは売買のみを行い、賃貸管理まではやっていませんでした。近年になって、多くのワンルーム業者が賃貸管理に着目し、続々と参入しています。そんな中で、自社販売以外の中古物件で、家賃保証まで行う事例は少ないと思います。

もちろん、単に入居者探しであれば、賃貸専業大型チェーン店の方が、システムと規模を背景とした強力な集客力があり、管理コストも抑えられます。しかし、これから先の物件購入のことを考えると、良好な上流物件情報を得るためには、売買仲介と管理を一緒にやっている業者さんとのあいだで、良い信頼関係を築いておくことも大切です。

N社では、賃貸付けの広告手数料を入居者をつけてくれた賃貸仲介業者さんへそっくり渡します。また、こちらの物件に入居者を決めればポイントが貯まる方法をとり、賃貸仲介業者さんにメリットがあるようにして高い入居率を確保していますので、客付けに関しても安心です。

R2社の例

（豊富な仲介物件から買手が選別でき、賃貸管理は低コスト）

表19　仲介業者の特徴

会社名			R2社	R社	N社	N2社				I社		S社
売買仲介特徴			一般媒介 専属&専任媒介 買取直販	一般媒介 専属&専任媒介	提携ローン有り 任売物件買取再販	一般媒介 専属&専任媒介 買取直販				オーナー間仲介 REITとの売買 専属&専任媒介 自社管理物件直販		自社管理物件直販
融資			無し	無し	提携ローン有り	物件によりローン付				無し		無し
賃貸仲介システム	システム		家主代行	家主代行	(空室保証)家主代行	家賃保証	滞納保証	集金代行	選任管理	借上保証	家主代行	借上保証	家主代行
	オーナーが賃貸事業者へ支払う手数料	入居契約時	1ヶ月	相談	無し	礼金全額	礼金の1/2	礼金の1/2	礼金の1/2	礼金全額	0.5ヶ月	礼金全額	0.5ヶ月
		毎月	無し	600円	3150円	1ヶ月賃料の10~20%	1ヶ月賃料の10%	1ヶ月賃料の5%	無し	1ヶ月相場家賃の15%程度	1ヶ月家賃の10%	1ヶ月家賃の15%	1ヶ月家賃の7%
		入居更新時	1ヶ月	0.5ヶ月	無し	更新料全額	0.5ヶ月	0.5ヶ月	0.5ヶ月	更新料全額	0.5ヶ月	更新料全額	0.5ヶ月
	その他契約条件	賃貸管理契約期間	2年間	2年間	原則無期限更新	更新時他へ切替可 2年間	免責期間後保証へ切替可 2年間	免責期間後保証へ切替可 2年間	免責期間後保証へ切替可 2年間	更新時代行へ切替可 3年間	随時保証へ切替可 3年間	更新時代行へ切替可 3年間	随時保証へ切替可 自動継続
		空室保証	無し	無し	(免責期間2ヶ月)下限家賃の80%	全額保証	無し	無し	無し	全額保証	無し	全額保証	無し
		滞納保証	退去時の未納分立替	無し	全額保証	全額保証	最長4ヶ月保証		無し	全額保証	(経験的に立替)契約書に記載無し	全額保証	退去時の未納分立替

5年ほど前、新聞広告を見て連絡してみたのがきっかけでした。この会社は、賃貸需要の高い立地の良い場所に、自社買取りの中古ワンルームを常に保有していて、相場よりかなり安い価格で直販していました。物件情報をお願いすると、専属専任媒介を含めた情報を同時に複数提供してもらえました。一般的には、こういう場合、1物件ずつ小出しにして、早期成約をすすめてきます。でも、買手にしてみれば「もっと良い物件が出るのではないか?」という気持ちがありますので、複数の物件を同時に比較検討できる点は、とても有難いと言えます。

ここはN社さんよりも利回りの高い物件を持っているようです。それだけに、築年やグレード、エリア、入居者層などに幅があるので、買手の側はその中から、自分の許容リスクの範囲内にあり自分の投資姿勢に適した物件を、的確に選別するための「目」が必要となります。

賃貸管理の手数料は毎月の家賃から引かれず、契約時と更新時に1か月分を支払うだけですので、月々の家賃は満額オーナーへ入金されます。

●業者さんごとの得意物件を知る

投資にはリスクとリターンがありますが、中古物件も一般的に言って、安く買えるものはそれなりのリスクがある場合があります。そして、仲介業者さんは、そのリスクを見極めることで、それぞれ得意な物件分野を持ち、そこに特化しています。

例えば、賃借人に問題があり、売主が安く手放すものをそのまま仲介する、費用がなくてリフォームできないオーナーが安く処分したがっている物件を仲介する、といったことが得意な業者さんもいます。一方、リスクのある物件をいったん自社で買い取って、それを整理し、問題を解決して再販する業者さんもいます。さらにそれを自社の賃貸システム商品として再販するところ、更には提携ローンまで付けて投資しやすくするところもあります。

あるいは、リスク問題の無い物件だけを、買取らずに仲介だけおこなう。自社物件のみを自社物件のオーナーだけに限定して紹介する。ある特定のお得意法人と独自のパイプを持ち、期末決算になると損切りの処分物件情報が入る……。

多くの業者さんとお付合いすると、それぞれに得意とする物件取引の分野があることがわかります。自分がどこまでリスクを取れるかを判断して、適材適所の業者さんを選んで、買いたいと思う物件の紹介をお願いすればいいでしょう。

●よい担当者との出会い

会社を選ぶことも大事ですが、不動産投資の要は、結局人との縁だと思います。

最近は、公的財政の破綻、年金崩壊などがさかんに言われるからでしょうか、サラリーマン大家さんブームのようで、新築ワンルームマンションの勧誘電話が頻繁にかかってきます。しかし、いい中古ワンルームマンションの情報を得たいなら、勧誘の電話をうけて検討するというような消極的姿勢ではだめで、自分で良質な仲介業者さんを探し出し、優秀で誠意ある担当者と良いパートナーシップを育て上げてゆくという、積極的な姿勢が非常に大切です。

ワンルームマンションのオーナーになると、新築物件のセールス電話とは逆に、所有している物件を「売らせて下さい」と電話がくることがあります。そういう場合、「売却する予定はありません。もし、いい物件が出たら買いたいので情報をください」と逆にお願いしておくことをお勧めします。私の体験として、実際そういうご縁で、「田園調布の良い物件を急いで現金化したいという方がいます」と真っ先にご紹介頂いたこともありました。

これまで何人もの担当者さんとお付合いしてきましたが、そのなかで印象に残る1人が、I社のTさんでした。オーナーさんからの売物件を真っ先に紹介してくれ、何より私の立場に立って売主と交渉してくれる誠意ある態度に信頼が持てました。5年以上お付合いを続け、任売物件を含む8物件を成約しております。

区分所有の場合、小額の物件をいくつも売買することになりますので、成約に至る回数が年に複数回になる場合もあります。すると、単なる情報交換ではなく、実際の物件売買を通した真剣勝負を重ねることになります。Tさんも、私へ紹介すれば、成約して確実に決済できることをよくご存知だったため、単なる情報やハウツウだけに止まらず、マンション経営の考え方、分析の仕方、リテラシーといった面まで研究させて頂いたことは大変貴重な経験となりました。残念ながら、I社の方針で、Tさんの担当業務が変わってしまいました。サラリーマンなので、人事異動があることも注意が必要です。

もう一人が、R1社のN嬢です。まだ若いこともあり、お願いしたことは即行動してくれ、分からない点があれば率直に相談してもらえました。良い物件がないときは、「今はないので、出たらすぐ連絡します」と誠意ある対応で、その後、必ず期間をおいて良い物件を紹介してもらえます。その間、努力して探して下さるので、大変貴重なパートナーです。

●セカンドオピニオンを貰えるようになろう

医療の分野でもホームドクターを持ち、セカンドオピニオンを貰えるほど心強いことはありません。同じように不動産投資でも、自分が検討中の物件について、直接の利益関係抜きで、知り合いの営業マンに相談できるような信頼関係を持ちたいものです。もちろん、自分なりに検討して心を決めて相談することが大前提ですし、また情報の扱いは要注意です。

私の経験では、N嬢から紹介された田園調布の物件をTさんに相談した際は、「それは即買いの物件です」と即座にアドバイスいただきました。別の事例では、初めての業者さんから紹介されたある物件（渋谷の古めの物件）をN嬢に相談した際は、「それは普通程度の物件ですから、しばらく待ってください。もっと良いものをご紹介できます」とアドバイスされ、しばらくして、三軒茶屋の良い物件を紹介してもらって成約したこともありました。

投資規模が大きくなれば、コンサルタントや税理士の先生に有料で自分のアドバイザー・パートナーになって頂くことが、極めて重要だと思います。そこまで到達していない段階では、不動産投資の8割程度は物件購入時の選択で成否が決まる現実を考えると、仲介業者の営業マンと二人三脚で歩んでいくことが現実的であり、また有効だと思います。

「お宝不動産」セミナーでも、沢さんのパートナー&コンサルタントの村松卓明氏が、「賃貸経営は不動産業者さんと大家さんとのパートナーシップで協力して築いていくものだ」とお話しされていたのが印象に残りました。

●投資エリアを検討する

表20は都心部のワンルームマンションの過去の建設トレンドと、その後の中古市場の推移を大まかに並べてみたものです。年齢、生活圏、ロケーション、将来のライフスタイル等から、私に適した築年と立地を検討するため、私の年齢と、建物築年を並べてマッピングしてみました。

ご存知のように、ワンルーム建設立地は、1970年代中頃から都心中心部で始まり、山手線南側から西方向へと山手線外周を時計回りに拡大していき、さらに、首都圏、地方都市へ、地価の高騰とともに広がり、1990年にバブルが崩壊しました。

これを踏まえ、表の時間軸による中古物件のエリア変化を見てみると、バブル後の1995年あたりまで、ワンルームマンション投資がすっかり下火になり、新規物件の建設が低調になった時期があるのがわかります。

表20　都心部・首都圏ワンルームマンション　中古物件推移表

西暦年（年）	1975	1980	1985	1990	1995	2000	2005	2010	2015	2020	2025	2030	2035	2040	2045
自分の年齢（才）	17	22	27	32	37	42	47	52	57	62	67	72	77	82	87
建物価値必要残存年数（年）	60	55	50	45	40	35	30	25	20	15	10	5	0		
投資に適当な物件築経過年数（年）				2	7	12	17	22	27	32	37	42	47		
築47年で資金回収必要利回り					2.5	2.9	3.3	4.0	5.0	6.7	10.0	20.0			
初期ワンルーム（16m²、3点セット）		建設期間													
初期物件(80年代)			5	10	15	20	25	30	35	40	45				
後期物件(90年代)					5	10	15	20	25	30	35	40	45		
シングルマンション（30m²〜セパレート）経過築年数（2000年代）						建設期間	5	10	15	20	25	30	35	40	45
新築物件建設地域		都心部 山手線 内側	都心周辺 城西 城南 首都圏	都心周辺 城北 城東 地方都市	空白期	都心部 中心地	都心部 山手線 内側								
中古物件豊富地域 築10〜15年				都心部 山手線 内側	都心周辺 城西 城南 首都圏	都心周辺 城北 城東 地方都市	空白期	都心部 中心地	都心部 山手線 内側						
中古物件豊富地域 築15〜20年					都心部 山手線 内側	都心周辺 城西 城南 首都圏	都心周辺 城北 城東 地方都市	空白期	都心部 中心地	都心部 山手線 内側					

①バブル後のワンルーム停滞期の時期が丁度築10〜15年に該当するのでこの築年数物件は都心部に少ない

②バブル末期、都心部を外して建てられた物件が丁度築15〜20年を迎えている

③5〜10年後、新世代ワンルームとしてバブル後に生まれたワンランク上の物件が築15年程度を迎えて都心部中古市場に流通して来る？

図11　どの程度の築年数の物件を探すか

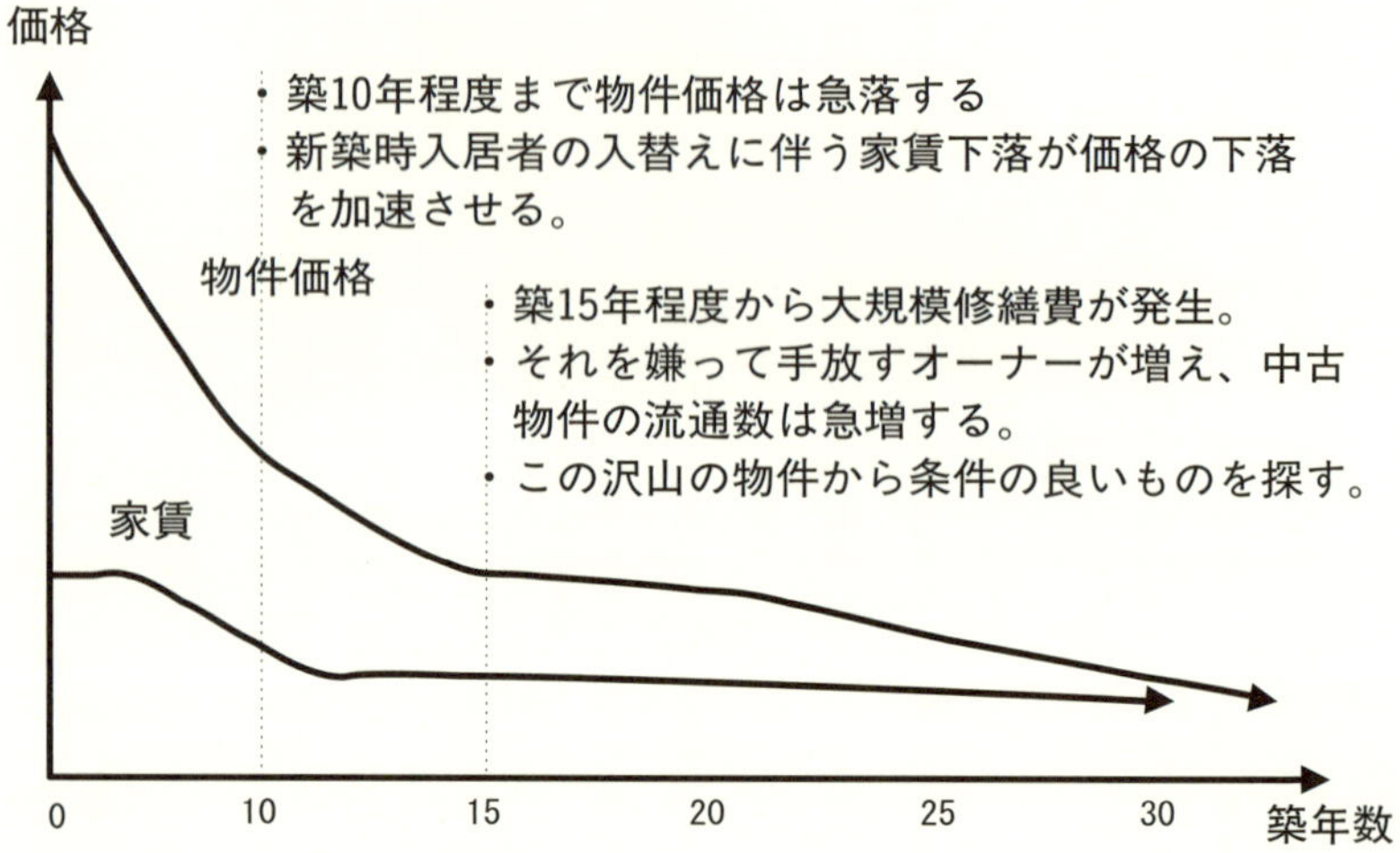
価格
・築10年程度まで物件価格は急落する
・新築時入居者の入替えに伴う家賃下落が価格の下落を加速させる。
物件価格
・築15年程度から大規模修繕費が発生。
・それを嫌って手放すオーナーが増え、中古物件の流通数は急増する。
・この沢山の物件から条件の良いものを探す。
家賃
0
10
15
20
25
30
築年数

新築を買った投資家の場合、家賃収入を得ながら10年～15年保有し、大規模修繕費の持出しがおこる前に、相場を見て売却して利益確定する方が一定程度います。そのため、その時期に中古物件として流通する確率が上がるのですが、今は、新築の供給が少なかった時期の10年～15年後にあたるため、特に都心部でのこの築年数の中古物件自体が少なくなっています。

また、新築から10年程度までは、初回入居者退去後の家賃下落幅が大きく、そこに物件価値の下落が加わり、短期に市場価値が急落します。価格が落ちていく途中の中古物件を高値掴みしないためには、特殊な売出し事情で安く指値できる物件を、粘り強く探す必要があります。こういう築浅物件は、売手もまだ資金回収の途中で手放し難いため、どうし

図12　ワンルームマンション建設地域の変遷

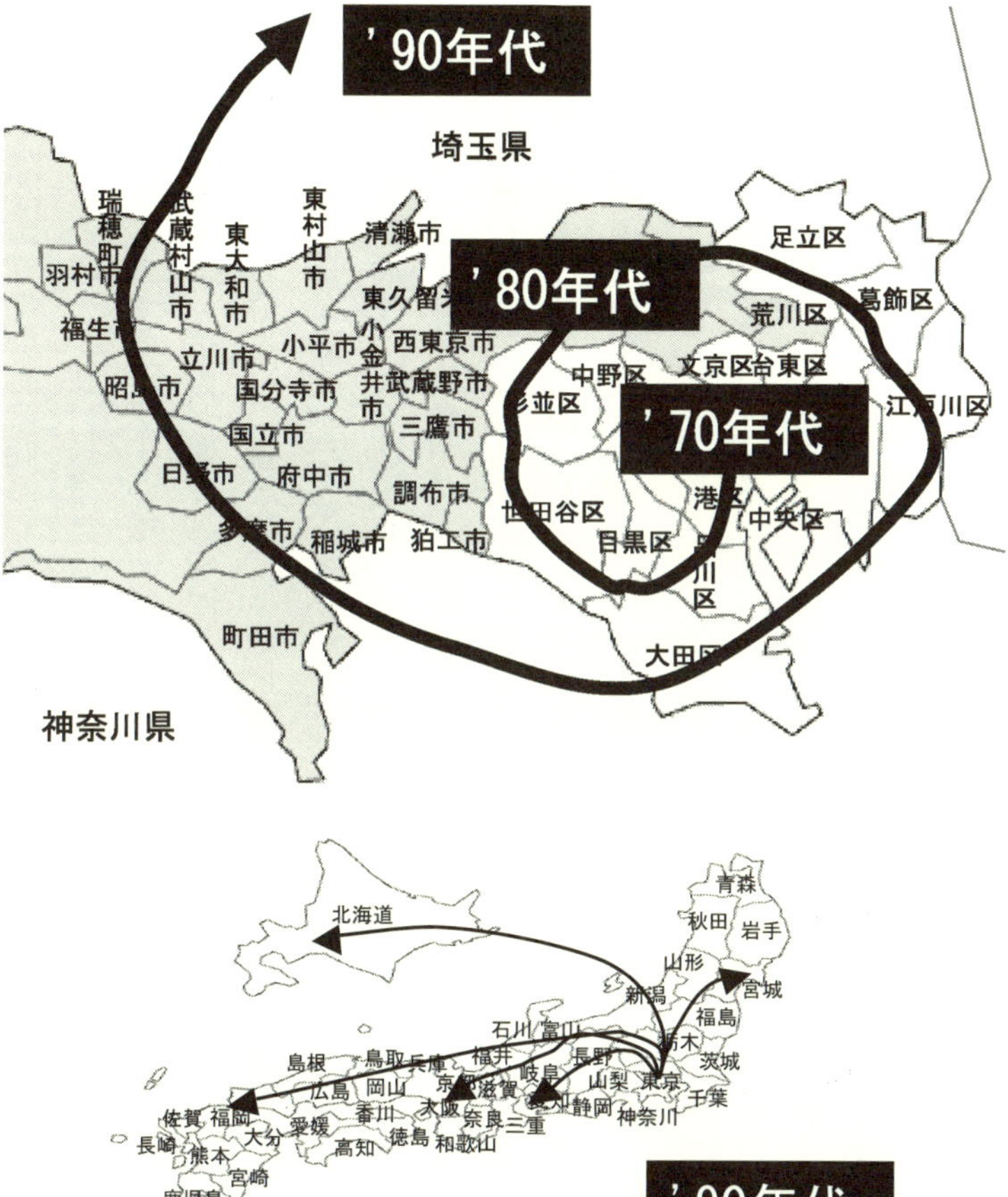

70年代に都心に登場したワンルームマンションは、次第に首都圏全体に広がり、90年代には大阪・名古屋・福岡・札幌・仙台など地方中核都市に広がった。

ても流通数が少なく、出会える確率も少ないのです。

一方、築15年ほど経つと賃料低下はゆるやかになり、物件価格の下落は賃料利回りで下支えされます。ここで手放すオーナーが増えてきますので、この年代のものなら、沢山の物件の中から、管理状態が良く、指値が通る高利回り物件を探しやすくなります。

ただし、この年代の中古になるとローンが付かないので、共担保借入れか、現金買いの買手に限られます。（2006年に入って、特定の仲介ルート物件に限り、築15～20年程度の16㎡3点ユニットクラスのワンルーム区分所有にも融資する銀行が出てきました。）もし、ローンをつけるつもりでローン特約条項付きの買付証明を先に入れたとしても、現金買いの買付証明の方が価格差を乗越えて最優先で通るのが現状です。

これらのことから、私の場合は、おおよそ私の寿命を80歳、賃貸物件の商品価値を47年と仮定すると、築15年程度の物件であれば、仲良く一生をともにできそうかな？と考えています。

●人口の伸びや需要を考慮する

都心部を外して投資する場合、心配なのが将来の賃貸需要と家賃下落です。そうなると、将来にわたって、なるべくワンルーム入居者である若手の賃貸需要が期待できそうな場所を検討することになります。例えば、「国立社会保障・人口問題研究所」（http://www.ipss.go.jp）のデータによれば、日本第2の都道府県は近年、大阪府から神奈川県に変わっています。（表

●将来の人口予測から需要を読みとる

表21　将来の都道府県別総人口

(1,000人)

地域	平成12年(2000)	平成17年(2005)	平成22年(2010)	平成27年(2015)	平成32年(2020)	平成37年(2025)	平成42年(2030)
全　国	126,926	127,708	127,473	126,266	124,107	121,136	117,580
埼玉県	6,938	7,095	7,188	7,216	7,178	7,075	6,917
千葉県	5,926	6,036	6,093	6,095	6,037	5,923	5,764
東京都	12,064	12,301	12,431	12,473	12,436	12,325	12,150
神奈川県	8,490	8.694	8,817	8,867	8,847	8,762	8,624
大阪府	8,805	8,780	8.673	8,501	8,269	7,984	7,661

表22　将来の市区町村別人口および指数

(人)

	総人口							指数	
	2000年	2005年	2010年	2015年	2020年	2025年	2030年	2015年	2030年
神奈川県	8,489,974	8,694,312	8,817,479	8,866,839	8,846,878	8,762,213	8,624,398	104.4	101.6
横浜市	3,426,651	3,529,320	3,595,711	3,629,457	3,636,751	3,622,520	3,590,784	105.9	104.8
相模原市	605,561	639,093	667,779	691,683	710,832	724,629	734,200	114.2	121.2

表23　将来の年少人口・生産年齢人口・老齢人口

(人)

	年少人口			生産年齢人口			老年人口		
	2000年	2015年	2030年	2000年	2015年	2030年	2000年	2015年	2030年
神奈川県	1,186,299	1,116,781	947,545	6,132,204	5,661,791	5,347,627	1,171,472	2,088,268	2,329,226
横浜市	476,302	455,369	398,048	2,471,717	2,329,410	2,235,961	478,632	844,679	956,774
相模原市	89,534	92,484	86,935	448,851	451,739	466,425	67,176	147,460	180,840

＊国立社会保障・人口問題研究所http://www.ipss.go.jp/より引用

21）その神奈川県内でも、圧倒的人口を誇り、今後も増加が予想されているのが横浜市で、相模原市はそれに次いで将来人口の顕著な伸びが予想されています。（表22）

とはいえ、単純に人口が増えるだけでは安心できません。ワンルーム入居の想定顧客である、若年労働人口の増加を見てみると、横浜市は減少しているものの絶対数はトップです。相模原市は将来も生産人口の増加が予想されています。（表23）

マンションのＰＥＲ（利回りの逆数と考えればよい。何年で元が取れるかを簡単に計算したもの）の優位性で言えば、地価が都心部ほど高くない割に、都心への利便性が良く、暮らしやすい地域のため家賃が高めに取れるのが、東京の下町、横浜、埼玉方面です。私の場合、神奈川県出身ということもあり、土地勘があって納得して立地選定できる横浜周辺や相模原市などを、昨年から今年にかけてはターゲットにしています。

また、これらの他に、「シモキタ（下北沢）」「オカジュー（自由が丘）」「サンチャ（三軒茶屋）」「ニコタマ（二子玉川）」等、ニックネーム付きの賃貸人気スポット駅近の物件も候補にしており、実際この地域ですでに保有している物件の入居率は手堅く推移しています。

立地選定にあたっては、客観的統計データと、自分の土地勘などの面から、自信を持てるエリアを選び、実際そのエリアはどのような居住者が多いのかといった現状を自分の目で確かめ、入居者が「狭さや賃料を代償にしてでも、時間的・場所的利便性を優先してワンルームに住みたい」と思う地域なのかを確認してみることをお勧めします。

●人口が増加する地域を探す

図13　東京都23区の人口変化

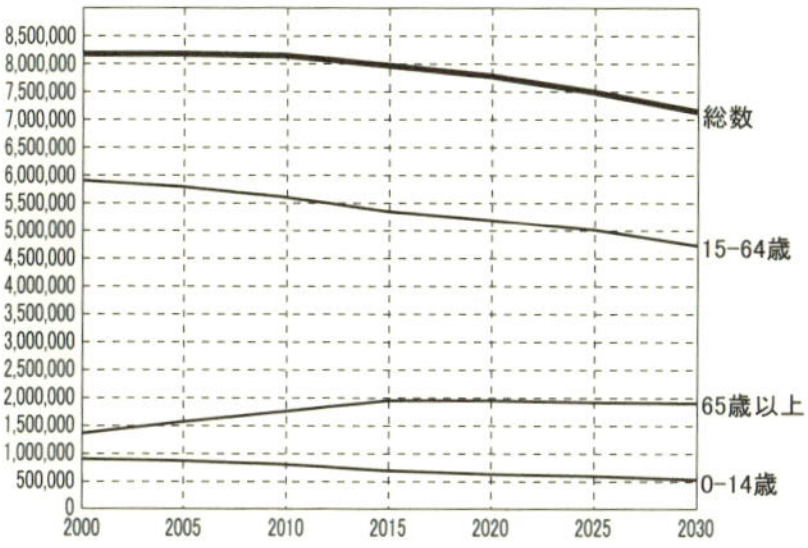

2000〜2030年年齢別人口変化

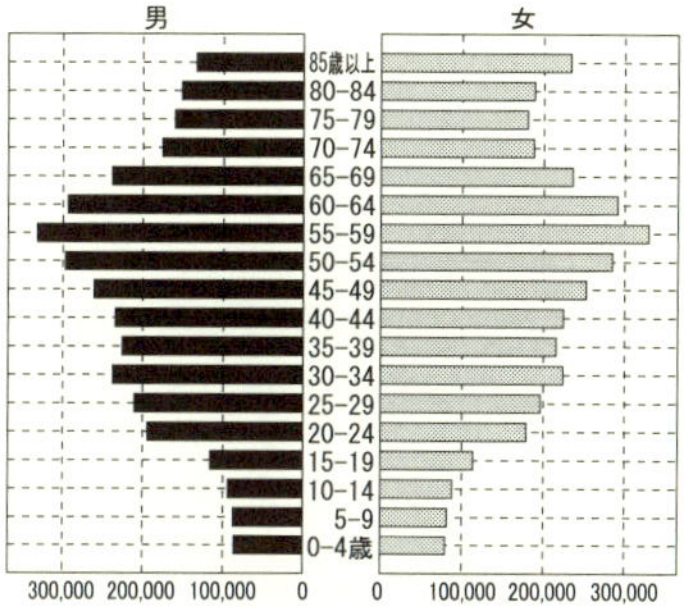

2030年年齢別人口構成

図14　神奈川県相模原市の人口変化

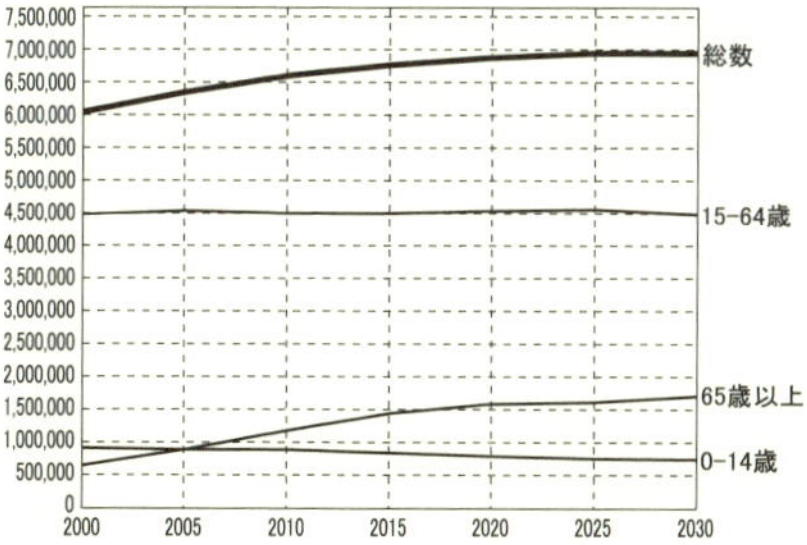

2000〜2030年年齢別人口変化

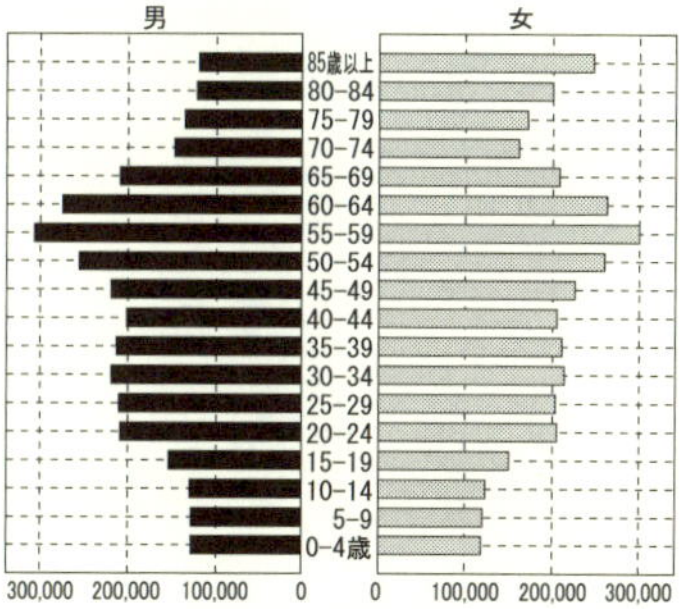

2030年年齢別人口構成

- 国立社会保障人口問題研究所の将来推計人口データベース、小地域簡易将来人口推計システムを使用。出生率は2000年のデータをもとに、東京23区1.0、相模原市1.27で計算。
- これらの資料から、東京23区といえども2005年以降は総人口が減少傾向にあることがわかる。しかし、相模原市は2030年まで人口増加が続き、労働人口も減らないことが読み取れる。
- これ以外にも、大都市周辺部で局部的に人口が増加していくエリアがあるのではないか。

第2章で小口化商品が割高であるというお話をしました。この法則から考えれば、時間貸しオフィスとか、ウィークリーマンション、ホテルなどは、さらに時間で細かく小口化して、賃貸空間と時間を割高に貸し出しているわけです。それでもお客さんが付き、商売が成り立っているという地域であれば、そこは賃貸需要が高いエリアだということが分かります。検討中の物件内にウィークリーマンションとして賃貸している部屋があれば、賃貸需要は高いといえましょう。

一方、近年注意が必要なのは、不動産ファンドが運用する物件です。都心部の大規模物件で「敷礼ゼロ」「2か月フリーレント」等の優遇条件で募集をかけられては、近隣の個人物件はとうてい太刀打ちできません。ファンド物件と競合しない立地を選択したいものです。

●床面積の「第1世代」と「第2世代」

1990年代に入ってから、バス・トイレ別で広さが30㎡程度の「第2世代」と呼ばれるシングル用マンションが、地価下落した都心部で供給されはじめました。恐らく、あと5年ほど経つと、これら「第2世代」の中古ワンルームマンションが流通し始めるはずです。(表20のなかの2010年~2015年欄のエリアを参照してください。)

将来のことを考えると、広さ20㎡以下のバストイレ一体型タイプの「第1世代」は、賃料、入居率の苦戦が予想されますが、現状では、私の「第1世代」物件の入居率は昨年100%で、

●労働人口の増減はどうか

図15　神奈川県横浜市の人口予測

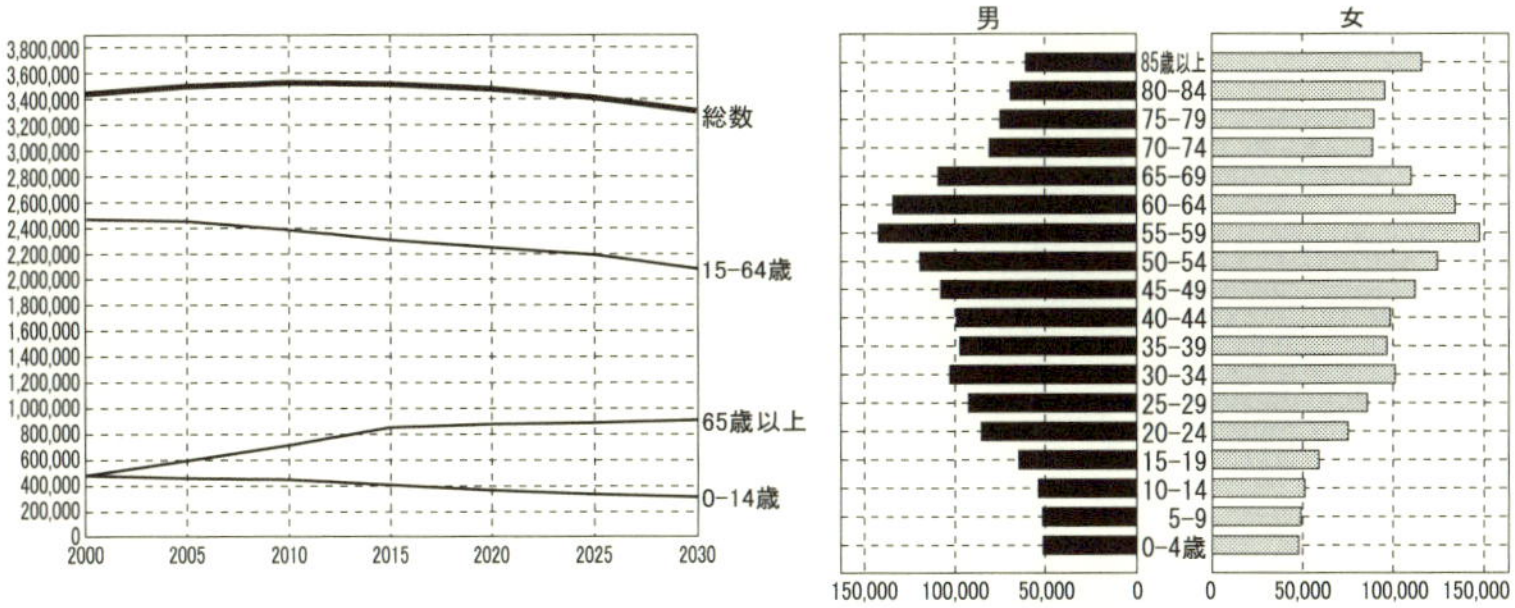

2000～2030年年齢別人口変化　　2030年年齢別人口構成

図16　神奈川県横浜市中区の人口予測

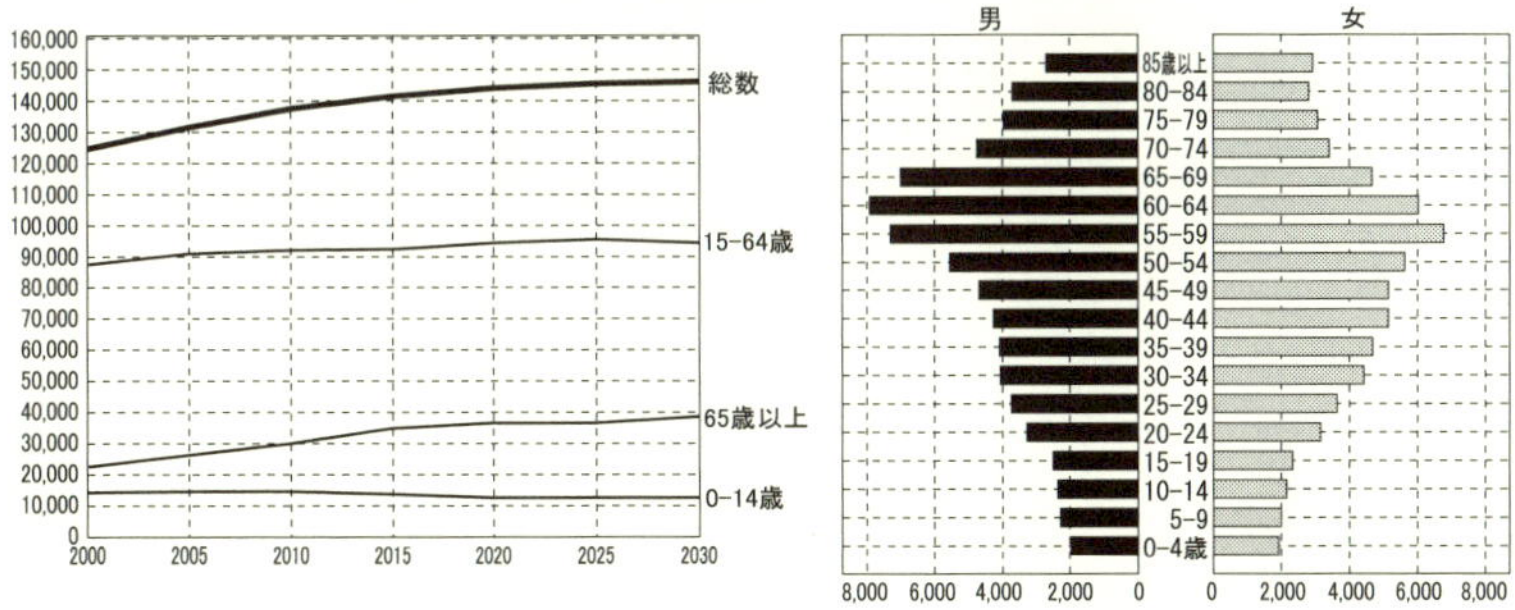

2000～2030年年齢別人口変化　　2030年年齢別人口構成

・国立社会保障人口問題研究所の将来推計人口データベース、小地域簡易将来人口推計システムを使用。出生率は2000年のデータをもとに、横浜市1.27、中区1.14で計算。
・これらの資料から、横浜市の人口は2015年まで増加し続けることがわかる。中心部の中区では、さらに2030年まで人口増加が続く。また、労働人口も減らず、高齢化は東京23区よりも遅い。

家賃下落もシミュレーションの範囲内に収まっています。

また、「第2世代」物件は築10年程度の中古であるため、インカムゲインだけではペイできない価格で流通しているものがほとんどです。このため、今無理して「第2世代」を購入しなくても、「第1世代」タイプの物件を購入して資金回収を確実に行いつつ、「第2世代」の流通価格と物件を常にウォッチし、入居率や家賃、ランニングコスト、投資可能エリアの変化を見ながらじっくり候補を選別して、現在の手持ち物件の中で資金回収が終わったものから、随時、入れ替えていく方法もいいかなと考えています。

「第1世代」と「第2世代」では、賃料の相場が全く異なります。当然、「第2世代」の賃料相場が下がってくれれば、「第1世代」もそれに引きずられるはずですが、私の所有する物件の実績を見ると、今のところ、「第1世代」の物件でも、賃料、入居率ともシミュレーション以上に堅調に推移しています。

●「第1世代ワンルーム」をどう考えるか?

今までご紹介した築15年程度の利回りのよい部屋は、どうしても面積が20㎡以下でバストイレ一体型3点セットの「第1世代」仕様になります。区分所有は賃貸付加価値の工夫が個人ではできません。そのため、どうしても「そんな狭くて使いにくい部屋に将来も賃貸が付くのか?」「古くなって売ろうとしても買ってくれる人がいるのか?」という不安が付きまとcom

す。たしかにそういったリスクはありますが、現時点までの私の実績では、昨年の入居率は100％で、過去10年の平均でも95％は下りません。

そのために注意しているのは、まずは賃貸需要の確実な立地です。昔、早い時期に駅近の好立地を先取りして建てられた物件を厳選します。

さらに、将来も競合物件ができにくい立地を選定します。駅からの距離は現在の利便性のみならず、将来の競合物件数に効いてきます。競合物件は駅を中心に同心円を描いて増加していきますから、線ではなく、面で考えることが必要になります。

次に街並みです。調査時は今後の街並みもイメージし、将来にわたって競合物件が建たないような、ビル系建築物で完成された賑やかな街並みを選びます。近辺にワンルームが建てられそうな敷地が多く残された地域は要注意です。

そして、区分所有なら1室ごとに異なる顧客を想定して狙うことができます。学生さん向けか独身女性向けかなど、エリアやニーズを分散させ、賃貸需要を慎重に瀬踏みしながらそのトレンドに合った追加投資をしていきます。十分なキャッシュフローがあれば、賃貸ニーズに追従して人気エリアに移動して追加投資することもできます。投下資金回収が終わっている部屋なら、家賃値下げや付加価値をつけるためのリフォーム、売却価格の調整など、その部屋をどう扱うかの自由度は増します。

結局は、狭い3点ユニットのワンルームでも、便利さと時間の価値を考えて住みたいと思ってもらえる立地を選ぶことだと思います。そういう立地なら、事務所としての賃貸も可能になります。

2006年に入って、私が賃貸管理をお願いしているある会社では、まず自社所有物件で、3点ユニット部屋に付加価値をつけるためのリフォームを試験的に開始しました。ノウハウを確立して、オーナー向けのリフォームメニューとして商品化するそうです。オーナーからの改造案も募集しています。このチャレンジにも期待しています。

狭くて古いワンルームは、最新設備の広い新築物件に敵うはずがありません。突き詰めると、中古マンション投資とは、そういったデメリットをカバーしてくれるだけの魅力的な立地にある「空間」の利用価値を買ったり貸したりするものだ、といえましょう。

●「ホテル区分所有」への投資はどうか？

「ホテル区分所有」というと話がちょっと脇道にそれるように感じるかもしれませんが、建物の一部を賃貸する事業だという点では、ワンルームマンションもウィークリーマンションもホテルも、期間の長短以外はそれほど違わないと考えることもできます。

ホテルへの投資は、部屋ごとの区分所有と、物理的な区分持分がない小口化持分（パートナーシップ）とに大別されます。前述の「小口化の原理」からすると、小口化された空間をさらに時間で小口化した究極の姿と言えます。このような投資を行う前には、まず、どんな契約システムになっているのかを調査することが基本です。

通常の居住用の不動産への投資と根本的に違うのは、ホテル区分所有の場合は、経営利益からの分配であることです。従って、賃貸家賃と異なり、景気や周辺ホテルとの競争での変動リスクが大きくなります。そのリスクに見合うように期待利回りも高くなり、売却価格は安く、資金回収期間は短めにする必要があります。検討にあたっては、ホテル経営会社、管理会社、オーナー組合などの権利関係を十分調査し、会社業績・信用調査を行います。非上場会社の場合、帝国データバンクのデータベースが参考になるでしょう。将来、思わぬM&Aや倒産もあり得ます。

そして、インターネットの旅行・ホテル予約ページ等で、利用者の声などからサービス・評判等を事前調査します。ご自分で実際に宿泊したり、半日くらい、ホテルスタッフの接客対応を観察してもいいでしょう。周辺ホテルとの比較で立地や老朽化を検討します。現地調査もマンションとは次元が異なり、社債か株を買うくらいの気構えが必要でしょう。

私の所有物件では京都（小口化持分）と笹塚（区分持分）がこれが該当します。

●良さそうな物件はウォッチングする

区分所有ならではのメリットは、物件の予習ができることです。マンション会社の全物件が掲載されている賃貸雑誌、その会社系列の賃貸募集ホームページ等が購入物件検討の参考になります。色々な物件を調査していると、「この街のこの物件なら是非買いたい」と思う物件に出会うものです。そういう機会に、その物件についてのトラックレコードや、普段からの空室状況、日頃の管理具合などをチェックしておきます。

そして、売り物件が出たら、すかさず買いを入れます。購入の意思決定はできているわけですから、あとは価格交渉だけです。特に最近は、人気地域の有利な売り物件は情報が出たその日のうちに、元売りの業者さんの馴染みの客が買い付けるほど、足が速くなっています。事前の入念な物件調査と、素早い意思決定を両立しないと、良い物件ほど、入手が難しくなっています。

私の事例では、東急田園都市線、池尻大橋駅徒歩1分の物件を96年からウォッチングしていました。4年後に売り部屋が出て、元売業者さんからの情報入手と同時に買付証明を入れ、購入できた経験があります。もちろん、目をつぶって買ったわけではなく、事前調査をして、買手や入居者に人気や評判などを日頃から注意していたからに他なりません。すでにお話ししたようにいつも空室が出る前に次の入居者が待っている状態で、現在は1部上場企業が社員用に借りて下さっています。また、この部屋をぜひ売ってくださいという勧誘も毎週のように入ってきます。

もうひとつ、やはり4年間ウォッチングしていた田園調布の物件に売り部屋が出たことがありました。もう一人の買手は、ちょうど出張中で連絡がとれず、日曜日に物件を見に行った私がその場で買付証明を入れたため、タイミングよく購入することができました。

●インターネットを活用して下調べをする

しかし日頃から目をつけている物件やエリアの情報がズバリ入ってくることはまれで、まったくフォローしていなかった物件を紹介される場合が普通です。物件情報が入ってきたら、具体的にどのような方法で検討していくのか、私の一例をご紹介したいと思います。

情報の件数は膨大になりますので、すべてについて検討はできません。まずは大雑把に、売値と月額家賃、築年数から投資可否を客観的に数字だけで判断します。どんなに素晴らしい立地でも、高値摑みした物件の資金回収スピードは縮まらないからです。月額家賃の１００倍を物件価格の目安として、表面利回りだけで大まかな感触はつかめます。

そのうち、マンション名を聞けば、シリーズごとに大体のグレードや建物外観もイメージできるようになります。その際に、媒介形態、売主さんのご事情、指値の可能性、いつ出た情報かなどを仲介営業マンへ尋ねておきます。検討の価値があると感じたら、最寄駅と住所から、自分が過去実際に行ってみたり、他物件で調査したことがあるエリアか、どの路線沿線か、どのターミナル駅から何分なのか、人気のあるエリアかどうか、といった概要を把握します。

このあたりのことは、普段から希望の地域を意識して見ていれば、情報をもらった時点で、すでに把握できていることが多いかと思います。ここまでで、電話なら５分程度の会話で判定できます。ＯＫならば、前章でご紹介した方法でシミュレーションへかけて、精度をあげて投資価値があるかの数値判定を行います。その結果が合格と判断できて、初めて以下の物件についての具体的な詳細調査へ入ります。

＊衛星写真で周辺の街並みを調査する

区分所有の場合は、何をおいても賃貸付けの良さが命です。それには街並みと立地です。かといって、情報が来るたびに物件を見に行ったのでは、労力や時間、費用がかかってたまりません。そこで、インターネットを活用して下調べをすることをおすすめします。

物件情報を入手したら、まず航空写真マップ（例えば http://maps.google.com）やグーグル・ストリートビューで、物件の立地と街並みを見ます。

・**物件自体の概要**……隣接ビル、道路などの位置、向き、距離、地形の概要などをチェックする。ワンルームの場合は日当たりは必須ではない。

・**部屋の方角と眺望**……建物の影の長さから、周辺建物の相対的高さを推定することができる。そこから眺望も推定できる。

・**物件隣接地の状態**……近所に空き地がある場合には、将来何が建つか、調査が必要。

・**街並みの成熟度**……街並みが完成しているか？　駅までの街並みは木造かビル群か？　将来

競合物件が増加する可能性はないか？などをチェックする。

・その他、現地調査時に見ておくべき場所はあるか？

例えば、上空からの写真で近隣に広い緑地が見えるとします。公園等ならいいですが、崖や傾斜地が物件に迫っている場合もあります。駅近物件のように見えても、川を挟んでいるため、遠くの橋へ迂回して15分も歩かないと駅へ着かない場合もありえます。上空からの写真では傾斜が分かりにくく、住宅密集地では地図の等高線も消えて見えません。駅まで坂を登る必要があれば、距離だけでは利便性を判断できません。

また、広い道路や、大きな工場、施設等が見える場合、匂いや騒音は現場でないと分かりません。大型商店や遊戯施設などが地図上に見える場合は、交通渋滞や人の流れ、客層なども現場で確認すべき点としてチェックしておくとよいでしょう。エントランスや自室の目の前が大型施設への出入口で、呼込み宣伝等で騒がしいのでは落着きません。マイホームを買うくらいの気持ちで、自分が住むと思って注意を払いましょう。

現時点での賃貸需要を考えると、駅近の物件なら途中に充実した商店街があれば安心です。将来のリスクを考える場合、駅周辺が完成された街並みのビル群であれば、将来競合物件が新築される可能性は低いでしょう。ただし、最近はオフィスビルからマンションへのコンバージョン（用途転換）がありえます。また、古い木造家屋が多い場合は、地震時の火災などで、街並みが焼失するリスクがあるだけでなく、世代交代による街並みの変化や、住宅が相続でアパートに建替えられることによる競合物件の増加のリスクもあります。現地調査の際に、このあたりの詳細を確認する必要があります。

＊近隣の相場を調査する

次に、同じエリアでの物件売買価格を調査します。従来は、インターネットで不動産関係ホームページを調査していました。これらは、売買希望価格が提示されているだけですので、実際それがいくらで成約したのかは推定するしかありませんでした。

しかし、２００６年4月27日に、国土交通省が「土地総合情報システム」(http://www.land.mlit.go.jp/webland) を開設し、不動産の売買成約価格の事例公開がスタートしました。これにより、実際の物件、区分所有も部屋ごとに成約した価格が公開されるようになりました。ただし、購入価格の決定にあたっては、シミュレーションでの資金回収年数と築年を判断基準とし、相場との比較はあくまで参考とすべきでしょう。

賃料の相場も、インターネットを使って各種不動産賃貸ネットワークのホームページで調査します。これにより、買い物件の賃料が特殊な事情で相場からかけ離れている場合、入居者が入れ替われば相場賃料になることを前提として、シミュレーションはその値で行います。

もうひとつ重要な点は、インターネットで調査する際に、その物件の他の部屋が売出されていないか、または賃貸募集されていないかも注意して調べます。グーグルなどの検索エンジンで物件名をキーワードとして検索すると、情報を見つけ出すことができます。もし情報があれば、建物の外観を見ることができますので、その写真から大規模修繕の有無や共用部分の管理状態など、建物全体の大体の様子が推定できます。また、時にはその物件についての第三者の評価などもヒットすることがありますので、根気よく調査して参考にしてください。

これにより、実際に現地を見る前に、街並みの概要と周辺状況、物件の外観などを調査できます。時間にすれば15分～30分程度あれば十分可能です。

＊将来の賃貸需要をデータベースから予想する

昨今、少子高齢化は日本のキャッチコピーになったような観があります。一般論としてはその通りですが、賃貸需要の面から見ますと、あるエリアについては人口が向こう20年以上にわたって増加が続いたり、労働人口も今より増加し続けるという統計予想がされています。

しかし、人口が減れば、入居者が減るとは限りません。人口は減っても晩婚化で世帯数は増え、特に独身女性のシングル世帯数は今後も増加するとも言われています。実際、私の物件も独身女性の入居者割合が毎年増えています。

よく知られた人口の動向についてのサイトとしては、「国立社会保障・人口問題研究所」があります（http://www.ipss.go.jp）。これを見ると、たとえば日本の都道府県別人口の第２位は、大阪府から神奈川県に入れ変わるという数値が示されています。さらに、神奈川県横浜市、相模原市などは、その人口増加率では将来20年間、東京都を上回ると予想されることが分かります。（ただし、人口の絶対数で規模の大小の差があることは押さえておいてください。）

これらのデータベースは、市町村、区単位で年齢構成まで含めて将来人口を統計予想することが可能です。これを活用すれば、目的物件のエリアの将来人口がどうなるかが把握でき、おおよその賃貸需要の見通しを立てる際に参考となります。一見賑やかな街でも、今がピークなのか、これからも発展が期待できるのか、見当をつけることができます。もし自分でも土地勘があり、長年の街並みの変化を熟知している地域であれば、それと照らし合わせることでさらに効果的に把握できます。

あえて、人口が減る地域、特に労働人口が減少するエリアの物件を買う必要はないわけです。ただし、自分が十分土地勘があって地域の特殊事情を熟知している場合、一般統計に表れないメリットを見出すことができれば、穴場として「買い」の場合もありえます。

もうひとつ、ワンルームマンションの場合は、鉄道や地下鉄の駅が大切なチェックポイントとなります。インターネットで検索すると、各路線、各駅ごとの1日あたりの乗降客数データが公開されています。その乗降客数だけでなく年度ごとの変化にも注目し、毎年増加を続けているかどうかもチェックします。

＊空室をチェックする

人口が増えている地域だとしても、競合物件が多ければ空室のリスクがありますから、具体的にそのエリア、その物件の空室率をチェックします。シミュレーション時点では第3章でご紹介した調査方法に限定されます。しかし、具体的な購入段階になったら、さらに踏み込んだ方法で調査していくこともできます。

ワンルームの場合、共用部、専有部ともに、販売時の系列会社の管理を売主がそのまま継承している場合があります。これなら、その部屋の新築時からの正確な入居率が分かります。また、建物全体の入居率（一部の部屋はオーナー自主管理もあるでしょうから、系列会社が管理している部分だけでも可）のデータも、その管理会社から入手できます。これらは、貴重な生データです。

仮に専有部だけを賃貸専門の別会社が管理していたとしても、きちんとした会社であれば、過去のデータは把握しているはずです。購入を前提で調査していることや、契約後は管理を前オーナーから継承してお願いしたいと伝えれば、喜んでデータを提供してくれます。

●絞り込んでから現地調査へ

シミュレーションをおこなって、資金回収期間と築年数の関係がＯＫとなり、インターネット調査で、街並みや建物の外観がＯＫ、人口動向や将来の賃貸需要も問題なしと判定できたら、いよいよ現地調査に出かけます。新しい街や、新しい家に向かうときは、誰もがそこでの新たな出会いや希望を胸にしているものです。私も、独身時代に、勤務の関係で8回転居を経験しましたので、実感できます。

自分が新居を探している気持ちになって、最寄り駅で降りてみてください。街並みの雰囲気にどんな第一印象を持つか？　駅から物件までの道筋にどんな商店があり、それぞれの店舗の雰囲気はどうか？　歩くと実際は何分くらいかかるか？　などなど、インターネットでの事前調査では分からなかった生の姿を体感してみます。物件へ到着した際に、建物とエントランスを一目見た印象も重要です。自分が想定する入居者とこれらが一致するかイメージしてみます。

＊やはり第一印象が大事

実は、最大の決め手は、物件を見たときの第一印象だと私は思っています。入居者が内見に来る際も、きっと第一印象のインパクトが大きいからです。第一印象が良ければ先に進むチャンスも大きくなりますが、それが無ければ逃してしまうことになります。

＊共用部で管理状態が分かる

建物に入り、エントランスの清掃具合、共用部の痛み具合、大規模修繕の痕跡などをチェックします。可能であれば屋上防水の劣化具合、貯水タンク周りの状況（外観からは給排水パイプ内部の劣化は分かりませんが）、エレベーター内部の状況（落書きや傷、焼焦げの有無）などをチェックします。エレベーター床にシートが敷いてあり、カゴの壁面にマグネット絨毯を装着していれば、コストをかけずに痛みを抑える、管理会社の工夫の姿勢がうかがえます。防犯カメラの有無も最近は重要です。掲示板の掲示物も、掲示内容で管理会社の力量が想像できます。

先日見た物件では、掲示物に緊急時連絡先として管理組合理事長個人の電話番号が記載されていました。その物件は築年の割に劣化が進み、共用部の掃除もしていない様子でした。管理会社が付いていながら、機能していない様子がうかがえました。

共用部構造も、長期メンテナンスの視点から見ます。例えば、外階段は消防法で義務化されていますが、床はコンクリートに床シート貼り、外回りは全面レンガ・タイル貼りがベストです。外回りがモルタルだったり、レンガ・タイルの一部が塗装の場合は、塗替え工事費用がかさみます。床シートがない場合は、次回の大規模修繕時にはシート貼り工事が必要になります。鉄製階段は、５年ごとの定期的な塗装工事で１００万～２００万円程度かかりますので考慮が必要です。廊下やベランダの手摺も同様です。金属製の場合は、アルミか鉄かをよく見ておきます。

＊共用機械設備も自分が買うつもりで見る

機械設備を見られるなら、給水ポンプ、排水ポンプの劣化具合、通信関係の端子盤の状況、インターネット関連通信設備の有無、ＣＡＴＶや衛星放送受信設備の有無などを見ておきます。インターネットインフラは、入居者が従来のメタルＡＤＳＬ方式と新しいブロードバンド光ファイバー方式、いずれの方式で契約していても受け入れられるＶＤＳＬ方式が有利です。（ただし、ベストエフォート方式といって、最大速度を利用者回線数で分け合う方式なので、通信速度は公称より遅くなります。）

＊共用部に管理組合の収入源はあるか

建物外部では、共用部に自動販売機、敷地内電柱、屋上の携帯電話、ＰＨＳ基地局、広告看板など、管理組合費の収入源となる賃貸設備を設置しているかどうかも確認します。敷地内に駐車場がある場合には、後日、その料金が管理組合の収入に繰入れられているかどうか調査します。コインランドリーがあれば、その収入がどこに繰入れられているのかも確認しておきます。

区分所有のオーナーには直接関係のないことのように思われますが、このような共用部の施設からの収入が管理組合に入っていれば、大規模修繕のときの個人負担が少なくて済みます。

＊建物の周辺を回る

建物周囲、敷地周辺を回って、壊れた自転車が放置されていないかなど、駐輪場の整理状態をチェックします。料金の有無と会計処理は後日調査します。ゴミ置場の整理具合などを見ながら、地形、地境を注意してみて、隣接地との境界があいまいになっていないか、建築基準法が定めた4メートル道路に面しているか、私有地が入り込んでいないかなどを見ます。

＊地形、道路付きも確認する

区分所有の場合、自分は部屋を買うのだからと、土地全体については無関心な人があります。しかし、出口を考えた場合、共有持分である土地は最後の砦となるので、その価値を知っておくことは大切です。

建築基準法を満たす4m以上の道路に接しているか？　道幅が不足する場合、必要な場合はセットバックがなされているか？　見た目、建蔽率は適合していそうか？　そして、土地の形は整っているか？　形がいかにも複雑で、隣接地と入り組んでいるような場合には、後述する登記簿での公図チェックの際に、私道、私有地の有無や、その権利関係の確認のための現地取材を実施しておく必要があります。とくに地境の複雑な古い住宅地を何筆も合わせて建築した物件の場合などは、現地と登記簿公図をよく比較することが大切です。

マンションの接道面に広い駐車場や植樹地帯があるとします。最近はアパートにガーデニングをして入居率を上げる手法が取られますので、入居者メリットにつながり安心と思いがちです。しかし、その持分調査は重要です。その土地だけ別の所有者（例えば物件管理会社持分）の場合、何らかの事情で、突然、第三者へ売却されるリスクもあり得ます。

＊やはり地場の人の意見が聞きたい

管理人さんにお会いできるようでしたら、声をかけていろいろお話をうかがうと非常に参考になります。同時に、近所に不動産屋さんがあれば、名刺交換がてら、賃貸募集の話などをしながら、地元の土地柄なども聞いておきましょう。道路1本、川1つ挟むと、土地というものは地元では全く異なる評価をしている場合があります。このあたりの感覚は地元の長い歴史によって築かれてきたため、やはりよそ者には分からないものです。電話などでは聞けない、お会いしたからこその情報に出会える場合があります。

区分所有物件の購入というと、とかくその部屋と建物程度しか注意が行きませんが、街並みや土地柄、共用部や機械設備までも購入するという気持ちでのチェックが大切です。管理組合員として共同オーナーとなるわけですから、そこを自覚しましょう。

自分があらかじめ街並みを知っている人気のエリアであれば、理想的と言えます。

●購入の前に入手したい情報と事前調査

次に、書類として契約前に入手して調査を済ませておきたい資料を表24にまとめました。契

表24　事前に確認しておく重要事項一覧表

番号	項目	保管者	依頼先	別の入手先
1	売買契約書（事前に雛型を入手）	仲介業者	売買仲介業者	
2	売主の売出し理由	仲介業者	売買仲介業者	
3	重要事項説明書（事前に雛型を入手）	仲介業者	売買仲介業者	
4	登記簿謄本コピー	法務局	売買仲介業者	
5	土地公図コピー	法務局	売買仲介業者	
6	課税評価証明書コピー（土地、建物）	地方自治体	売買仲介業者	
7	都市計画	地方自治体	売買仲介業者	
8	管理組合財務書類	管理組合（管理会社）	売買仲介業者	売主
8―1	管理基金残高	管理組合（管理会社）	売買仲介業者	売主
8―2	修繕積立金残高	管理組合（管理会社）	売買仲介業者	売主
8―3	管理費口座残高	管理組合（管理会社）	売買仲介業者	売主
8―4	管理組合貸借対照表（過去2期以上）	管理組合（管理会社）	売買仲介業者	売主
8―5	管理組合決算書（過去2期以上）	管理組合（管理会社）	売買仲介業者	売主
8―6	管理費滞納額	管理組合（管理会社）	売買仲介業者	売主
8―7	管理組合総会議事録	管理組合（管理会社）	売買仲介業者	売主
9	管理会社による大規模修繕計画書	管理組合（管理会社）	売買仲介業者	売主
10	共用部分の過去の大規模修繕履歴	管理組合（管理会社）	売買仲介業者	売主
11	管理組合管理規則	管理組合（管理会社）	売買仲介業者	売主
12	建築確認証明書	地方自治体	売買仲介業者	
13	発売時の建物図面	販売業者	売買仲介業者	東京カンテイ
14	管理会社の信用調査（過去2期分以上の決算書）	管理会社	売買仲介業者	帝国データバンク
15	入居者情報	賃貸業者	売買仲介業者	売主
16	専有部のリフォーム履歴	賃貸業者	売買仲介業者	売主
17	前オーナーと管理会社の賃貸管理契約書	管理会社	売買仲介業者	売主
18	管理組合と管理会社の管理契約書	管理会社	売買仲介業者	
19	前オーナーと入居者の賃貸契約書	賃貸業者	売買仲介業者	売主
20	入居者と賃貸管理会社の賃貸契約書	賃貸業者	売買仲介業者	売主

約時に「重要事項説明書」として、契約書に添付される基本的な書類ですが、契約前に内容を吟味し、疑問点は仲介業者さんに確認を済ませておきます。

以下、各項目について簡単に説明していきます。◎のついているものは最重要項目、○は重要項目、△は確認項目といったランク分けになります。慣れないうちは複雑で難しい書類のように見えますが、意味がわかってくるとチェックするのが楽しみになってきます。

図17のように、物件の価格や外観を、海面に出た氷山の一角とすれば、こういった情報は水面下に隠れた大きく重たい部分といえます。タイタニックはこれが原因で沈没したわけですから、十分に気をつけたいものです。

区分所有の購入は、どうしても目に見える建物やその周囲、あるいは家賃の利回りといった表面的な部分だけにとらわれがちですが、その背景にある財務状況や時間軸上での変化などもデータを入手しての数値判定が重要です。

◎登記簿

売主の所有登記かどうかを見るために、登記簿を確認します。登記簿には、その物件の所有権の移転、抵当権の設定、差押えなどの履歴が残らず書かれていますから、売主の事情なども読みとれ、そういう意味で興味深い点が多いものです。いわば物件の履歴書といったところでしょうか。以前は業者買取り物件の場合に、売手と所有者が異なる「登記中間省略」の手法が

図17　築年・立地・利回りは氷山の一角

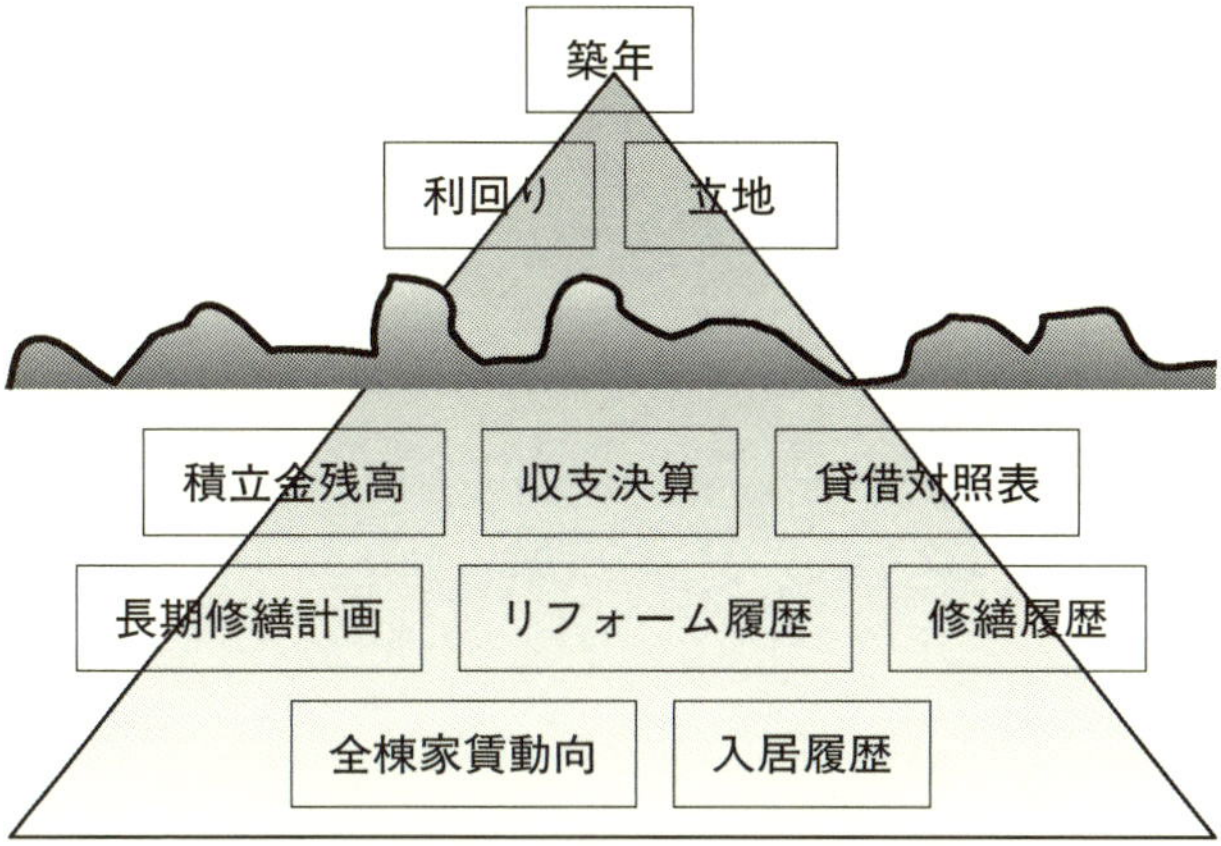

よく用いられましたが、現在は使えなくなりました。

購入前であっても、仲介の営業マンに「重要事項説明書の資料を事前に確認しておきたいので、登記簿関係資料を管轄法務局から契約に先行して取寄せてください。」とお願いすると、誠意ある営業マンであれば快く対応してくれます。契約当日にいきなり見せられて、すぐ捺印するのは、あまりに怖いですから事前確認が大切です。

◎図面

土地家屋調査士が作成して、司法書士が登記した正式な土地、建物の図面を確認します。これも前述のように仲介業者の営業マンにお願いし、法務局から取得すればよいでしょう。特に、４ｍ道路接道でない場合とか、何筆かの土地が合筆された場合、私道や私有地らしきものがないかチェックしておきます。（いくつかに分かれていた土地を、マンション建築業者が異なる地主から買って物件を建築したり、前の地主が一人であっても、税金や法規制の関係でわざわざ何筆かに分割して登記した場合もあります。）疑問があれば仲介業者へ問い合わせ、それでも不明なら、契約までに調査してもらっておきます。借地が混ざっている場合には、その賃料がどうなっているか、地主との契約条件なども調査をお願いしておきます。

こんな面倒なことは区分所有には関係ない、と思われるかもしれません。しかし、購入すれば土地の共有オーナーとなるわけです。土地の価値は、その筆数や道路付け、向き、形などで1物4価といわれるほど変わるものなので、自分が持つ土地の実力を知っておくことは大切ですし、勉強にもなります。

余談ですが、公図は見なれてくると、その土地に隠れた履歴をいろいろと想像して空想が広がるようになり、ついつい余計な時間が経ってしまいます。

建築時（新築発売時）の建物資料は、建築会社、販売会社が現存しない場合でも、新築を購入した売手オーナーならお持ちかもしれません。紛失している場合、仲介業者さんが㈱東京カンテイ（不動産のデータバンク）と契約していれば、取り寄せることが可能です。これも仲介業者の営業マンにお願いしてみましょう。

△管理組合議事録

できれば、過去数回分の議事録を閲覧しておきましょう。特に大規模修繕の計画や、その他特殊な議案（共用部用途に関するもの）がないか、確認します。管理規約をペット可に変更したり、共用部に自販機や時間貸駐車場などを開設するなどの議案があれば、賃貸としてはメリットがあります。

◎管理組合の財布の中身

少なくとも過去2期以上の管理組合の貸借対照表と損益計算書（収支決算書）を取り寄せます。仲介業者の営業マン経由で、売主がお持ちの記録を入手するのがベストでしょう。もし、紛失等で入手困難の場合は、建物を管理している管理会社から取り寄せてもらいます。

ワンルームマンションの場合、販売会社が管理会社も仲介会社も兼ねているケース、あるいは、それらが系列資本会社というケースは、簡単に入手できます。これらがバラバラの場合でも、きちんとした仲介営業マンであれば、管理会社と交渉してある程度の資料（例えば管理組合の積立残高程度）は入手してくれるはずです。購入契約前に買主個人が直接管理会社と交渉して入手しようとすると問題が生ずる場合がありますので、仲介営業マンへ任せた方がいいでしょう。

毎期の収支がプラスか？　年度ごとの収支状況に異常な変化がないか？を確認します。株式投資で有価証券報告書をチェックするつもりで見ればいいでしょう。その物件を購入することで管理組合員になるわけですから、その管理組合という会社をM&Aするくらいの気持ちで、運営状況を厳しくチェックします。

◎積立金残高

組合の積立金は「管理基金…新築購入者から数十万円ずつ徴収する基金」「修繕積立金…毎月オーナーから徴収する積立金」「管理費…毎月オーナーから徴収し、共用部の維持管理のため使用した残金」の3種があります。私の所有物件の実例では、管理基金を修繕積立金に組み入れてしまったものもあります。更に財務状況が厳しくなると、管理費の赤字を修繕積立金から補塡したり、管理組合として、銀行から借入れを行い、毎月の管理費から元利を返済している物件もあります。

大雑把に考えて、30室程度の物件なら、15年に1度、1500万円程度の大規模修繕工事を行うとすると、1戸あたり50万円の計算となります。これを168か月（15年）で割ると、最低限で毎月3000円の修繕積立金が必要となります。

しかし、これとて15年のあいだ修繕支出がないと仮定してはじき出した数字です。実際には部分的な定期修繕が必要ですから、この程度の積立金では大規模修繕時の特別出費として一戸あたり数十万円の出費を予定する必要があります。逆算すれば、これから大規模修繕を迎えるマンションであれば、積立金の総額を総戸数で割って、1戸あたり50万円相当かそれ以上の残高がなければならないことになります。

屋上防水や、外壁補修、共用部床、階段補修などの他に、将来の大きな支出としては、築30～40年程度でエレベーターの交換が必要となり、数百万～１０００万円程度かかります。（私が理事をした旧自宅物件は早目に築27年で実施しました。）築40年程度で給排水管の交換が必要となり、１０００万～２０００万円程度かかります。（私の所有している物件では定期的な全棟洗浄をしているので実例はありません。実施の場合もパイプスペースでの工事で済みます。）

◎大規模修繕履歴

直近にどの程度の共用部大規模修繕が実施されているか、履歴を見ます。先の管理組合議事録と合わせて見て、大規模修繕時に各戸オーナーからの一時金の拠出がいくらだったかも調査します。修繕前後の修繕積立金の残高推移と照合します。その結果から、次回予定される十数年後の大規模修繕時には修繕積立金の範囲でまかなえるか、あるいは各戸オーナーから臨時拠出がいくら必要なのかがわかります。その金額を負担してもなお、投資する価値があるかどうかをシミュレーションで判断します。

管理会社ごとに得意とする管理のやり方があり、修繕の進め方もそれぞれです。修繕積立金がちょっとたまるごとに、今年は屋上防水をやり、来年は廊下階段の床シート交換をやりと、こまめに修繕するタイプ。あるいは、十数年程度に1度、2年ほどかけて4期程度に分けて実施するタイプ。十数年目に全棟一気に実施するタイプと、会社によりさまざまです。どういったサイクルでいつ実施し、今いくらの残金があり、次回はいつかをチェックします。

△占有部のリフォーム履歴

投資物件は多くの場合、オーナーチェンジ（入居者が居住したまま所有権が売買される）ですので、買う前に専有部内部を見ることはできません。そこで、売主がお持ちの専有部分の修繕履歴を見せて頂きます。売主が紛失していても、賃貸管理会社がしっかりしていれば履歴を保有しています。今の入居者が入居するとき、何をどのようにリフォームしているかを確認します。エアコン、給湯器が交換されていれば、直近での大きな出費は発生しないでしょう。新築時にクッションフロア貼りだった床をフローリングに交換してくれていれば、次回募集の際のメリットとなります。さらに、今の入居者が、現在何年居住しているかも確認します。入居したてであれば、もし退去があったとしても、室内クリーニング程度の出費（最悪でも壁紙の貼替え程度）で次の募集をかけられます。

△入居者履歴

家賃は入居者であるお客様が支払ってくださるものです。しかし、一度滞納が発生すれば、お客様は一瞬にして不法占有者に変貌してしまいます。近年、個人情報保護法のため、購入前の調査には限界がありますが、可能な範囲で、国籍、性別、年齢、職業（学生かサラリーマンか）、保証人（親族、保証会社等）、入居時期、滞納の有無などを調査しておくと安心です。

特に20㎡以下の３点ユニットワンルームの場合、将来の賃貸需要は不透明ですから、現状に甘んじることなく、将来に備えた顧客掘り起こしのトライアルも必須です。私の体験では女性の方が契約し、カップルでお住まいだと、長く入居いただける傾向があります。

滞納という問題から見ると、フリーターの若者よりは、社会保障（年金、介護保険等）を受けているお年寄りや、日本で働いている東アジア系エリートの方々などの方が入金がきちんとしているように思います。こういった方々は滞納してしまうと、現状では簡単に次の入居先が見つからない場合が多いためです。

一人暮らしのお年寄りも、公的介護ヘルパーが通って来ておられる方、ご家族の事情で同居できず親族がご近所にお住まいで常時交流のある方であれば、健康管理面などでも安心して入居いただけます。実は私も、母親を実家から引き取った当初、近所で賃貸ワンルームを探し回った経験があります。

○都市計画

自治体で決めた街並みの将来計画に特別なものがないかどうかも調査します。資料は仲介営業マンへお願いすれば、地方自治体から入手できます。

大きなチェックポイントとしては、地目の変更や、道路拡張などです。最悪のケースとして、建物の立ち退きが必要になる場合もあり得ます。私の所有するもので、将来、道幅拡張が決定している都市計画道路に前面接道しており、拡張時は敷地供出となる物件があります。

これをOKと判断して購入した理由は、昭和21年に決定された計画で実行が先送りされていること、万が一、道幅拡張となった時も、建物には影響ない建築構造になっていること、その際には管理組合所有の敷地内駐車場の一部売却による代金が管理組合費に入金されることなどから、むしろメリットになると判断して購入しました。

○課税評価証明書

同じく地方自治体で入手できますので、課税評価証明書も取得するといいでしょう。固定資産税と都市計画税はその年の1月1日時点の所有者に請求が行くルールになっています。ですから、年の途中で不動産売買をしたときには、売主と買主で保有期間に応じて税金を分担することになります。その計算をするためにも必要になります。

実は私の購入した物件で、ちょっと信じられない事実を発見しました。固定資産税・都市計画税の金額に計算ミスがあり、売主はそれに気づかず、十数年間、ルールよりも高い税金を納め続けていたのです。課税評価証明を取得してチェックしなければ、私もそのままだったかもしれません。減価償却費を計算する際、建物と土地の割合決定にも必要です。

（注）確定申告時に減価償却費を大きく経費計上すればキャッシュフローは増えます。通常、土地と建物の比率が不明な場合、中古マンション区分所有は土地６：建物４とされています。ただし、この建物の割合は以下のような根拠によれば４割以上の申告が可能です。

売手の確定申告書の写しを貰い、その数値を引継げれば有利です（この方法は個人情報なので入手が難しい事が多いのが欠点）。

法人から購入する場合、中古でも契約書に消費税が記載されます。これは建物価格のみにかかるので、消費税額÷０．０５＝建物価格となります。この方法の欠点は、売手の法人は消費税をなるべく少なくしたいので、建物割合は小さくなりがちです。建物の割合が４割以下の場合は、売買契約書の金額について消費税込みと記載してもらうのが良いでしょう。

建物の割合を固定資産評価証明書の割合から計算し、４割より大きければ、その値を採用すれば有利です。容積率が大きく部屋数の多い高層マンションほど、この方法が有利になります。以上の建物割合は、一度申告すると途中で変更することはできません。建物の減価償却費は、唯一、買替によりリセットできます。

●指値の極意とは

ここでは、不動産投資での最大の山場である、物件購入時の指値について紹介します。

＊現金買いは信用と決済タイミングをフル活用

現金購入の強みが発揮できる一番のポイントは、売主さんの事情に合わせて確実に決済できることです。大切な物件をお譲り頂くわけですから、買手の資金が最大限にお役に立てれば双方ハッピーです。お金の価値は金額だけではありません。時間、タイミングも貴重な価値です。売主が希望する時期に確実に決済することとひきかえに、金額調整をお願いできます。

もうひとつ重要な点は仲介業者さんとの信頼関係です。仲介業者さんは、物件を確実に成約させ、代金決済を完了させることが仕事です。そのニーズに応えれば、優先的に上流情報を頂け、その時点で有利となります。「この人ならきちんと約束の期限に売買代金を決済してくれる」となれば、買手の味方になって売主さんを説得してくれます。確実な成約実績と現金決済の信用で、仲介業者さんを味方につけるわけです。

＊売主についての情報は貴重（売る理由はいろいろ）

中古マンションがなぜ購入価格面でメリットがあるかといえば、売主さんの個別事情があり、そのために新築マンションの際に作られた価格体系から外れるからです。地価や減価償却の積算値からもかけはなれた価格の物件がありうるわけです。したがって、物件購入を検討する際は、売主さんの事情を可能な範囲で調べることが有効です。それによって、どの程度の指値が可能かをさぐります。手付金を増額したり、決済時期や契約時期を希望どおりにすることにより、トータル価格面で譲歩してもらえる場合もあります。

＊将来の改修予定を値引き交渉に使う

指値をお願いする場合、ただ漠然と希望価格をお願いしても、売主さんは1円でも高く決めたいわけで、なかなかむずかしいものです。売主ご本人だけでなく、売主と買手双方の仲介業者といった売買にかかわる全員が納得できる論理的な理由があれば、指値は通りやすくなります。例えば、数年以内に大規模修繕が計画されている場合は、その費用分程度を値引きしてほしいといったように、交渉材料に活用できます。

＊小額の差は早期決済を優先

売主さんによっては、20万〜30万円を引いた指値に絶対に応じないという頑固な方もおられます。私の経験で、こんなことがありました。

第1章でもお話ししましたが、下北沢のある女性専用物件は数年前から注目してあらかじめ調査して、売り物を待っていました。ある時、I社のTさんから売りが出たと連絡がありました。大規模修繕工事の最後の1期が残っていたので売値よりも20万円低い価格での指値を入れました。しかし、売主さんは1円たりとも応じないと強気です。年間の家賃収入で70万円程度は堅い物件ですから、3、4か月程度の家賃相当額です。この話を流したら、半年後、1年後に売り物が出るか分かりません。1年待てば、70万円の家賃収入チャンスを逃し、かつ物件は確実に1年老朽化します。それであれば、購入して1か月でも早く家賃収入を得るのが得策と考え、売主さんの希望する価格で購入しました。

ただし、この考えが使えるのは、十分事前調査ができているエリアで、同等の出物のチャンスが少ないと分かっている場合に限ります。

*営業マンと二人三脚で交渉しよう

物件の購入には色々な方法やルートがあります。顧客の立場で動いてくれる優秀で真面目な営業マンほど、私たち個人投資家が知らない苦労をしながら、水面下で動いて話をまとめようとしてくれます。何より売主側の事情を入手するルートとしては、営業マンだけが頼りです。同じ業界ですから、他社の営業マンとも予想外のつながりがあり、広い情報網をもっていたりします。ですから、その営業マンに是非味方になってもらい、売主と価格交渉しましょう。売主の事情と、買主の資金の最善のマッチングを、プロの腕に任せることが成功の秘訣といえます。

第5章　実践　新米大家さん

物件購入という入口を無事にくぐりぬけたら、ここがようやくスタート地点です。長く、地味で、忍耐の必要な賃貸管理業が始まります。

冒頭でもご紹介した通り、都内周辺部駅近のワンルームは、その「空間」の利便性と利用価値にお金を払って頂くものなので、入居率は主に「家賃」と「立地」によって決定されます。そのため、地方のアパートなどに比べると、部屋の面積や設備の点で多少劣っても、単純な入居率の数値は高い値を示すようです。ただし、それと引き換えに将来、建物が老朽化したときの出口の難しさが控えています。ですから、家賃を下げるだけで入居は付くかもしれませんが、その場合、入居率は高くても、投下資金回収速度が落ちることになります。老朽化とのトレードオフから、資金回収期間を常に意識することが重要です。

サラリーマンが賃貸経営を行う場合の最大のポイントは、本業と家族に支障のない範囲で、自分の時間とエネルギーをどこまで注げるか認識することだと思います。自分で賃貸管理のすべてをやれば、特徴ある物件に作り上げて競争力を発揮できるでしょうし、また、賃貸業者へ賃貸管理手数料を支払う必要がなく、収益は増えます。しかし、それがために本業や家族が犠牲になるなら、本末転倒でしょう。

自分ですべてを行う方法から、管理会社にすべて任せる家賃保証システムまで、管理方法はいろいろありますから、自分がどこまで手間と時間をかけられるのか見極めて、状況に合わせて選択すればよいわけです。いわば、アウトソーシング経営です。

特に、ワンルームマンションは、買取りや仲介売買から賃貸管理まで、1社でいろいろとメニューを用意している会社がいくつもあることが特徴です。これらを活用すれば、距離に関係なく全国のみならず海外からも、遠隔操作で不動産投資ができるという特徴もあります。

●管理形態の種類と選択

すでにご存知だとは思いますが、ワンルームマンションの管理は、建物全体（共用部）の管理と、区分所有部分の管理（賃貸募集）の2つに分けられます。

＊共用部管理

共用部管理の費用は、自分の所有する部屋が空室の場合でも、毎月必ず管理会社へ支払う義務があります。その金額は一棟もののアパート等に比べると割高であることはぬぐえません。ただ、全国規模で何千棟と管理している会社だと、1つのエリアに何棟もまとめて管理してい

表25　大手・中堅管理会社の家賃システムの例

芦沢がお世話になっている２社さんの例		家主代行		家賃保証	
		Ａ社	Ｂ社	Ａ社	Ｂ社
手数料（対家賃割合）		10％	７％	個別	15％
更新料		0.5か月		なし	
礼金		１か月		なし	
更新機関		個別継続	個別継続	３年以下個別	２年間
契約形態変更		◀━━━● 契約更新時のみ ●━━━▶ いつでもＯＫ			
管理費	入居者	入居者	入居者	一部オーナー	入居者
	空室時	オーナー	オーナー	一部オーナー	管理会社
滞納対応		管理会社			
クレーム対応		管理会社			

るため、効率的にきちんと業務実施してもらえます。管理人常駐のほか、拭き掃除により定期清掃までやってもらえる点は大きなメリットです。（機械による水洗いは簡単に汚れは落ちますが物件を傷めます。人手による拭き掃除が最良の清掃法なのですが、手間・労力から実施してくれる会社は少ないようです。）どこの管理会社がしっかりしているかは、物件をいくつも見て、不動産業界の方々の生の声を聞いているとすぐわかるようになります。なにより、自分で物件を所有するようになると実感します。ただし、管理会社はワンルームマンション販売会社の系列会社などで固定していることが多く、自分個人の意志では、会社を選ぶことができません。物件購入時には管理会社がどこかを事前に調査しましょう。

＊専有部管理

いわゆる賃貸募集管理です。なんといっても、入居者を付ける力量と、管理コストが大切です。それを見極めるには、どういったシステムで運用しているかを実際に賃貸管理会社から聞き取り調査すると良く分かります。率直に言うと、オーナーに有利で、賃貸管理会社に不利となる情報は、広告やインターネットには掲載しませんので、実際に契約して賃貸業務をお願いしてみないと分からない点が多いのです。しかし、契約前でも質問すれば答えてくれるので、こちらから積極的に聞くことが大切です。

管理の形態は、一般的に以下のように3つに大別できます。

①自主管理

賃貸の専門業者や駅前の不動産屋さんなどで入居者募集だけをお願いする方法です。家賃はオーナーのところへ直接入り、退室時の部屋リフォームなども原則オーナーが自分で手配します。（不動産屋さんがリフォームの業者などを紹介してくれる場合もあります。）毎月の家賃から管理料を支払う必要はなく、契約更新時と新規入居時だけ、0・5～1か月程度の手数料を支払います。

この方法の大きなメリットは、オーナーの力量を発揮できる余地が大きいことです。空室募集は複数の業者さんへ同時にお願いすることが可能です。リフォームなども自分で複数の工務店などで相《あい》見積りを取ったり、場合によっては、内装、水周りなど工程ごとに最安値の別々の施工業者さんへお願いしたり、自分がリサイクルショップで調達してきた備品を支給して工事だけを発注する等、工程全体を自分で取り仕切って管理することも可能です。デメリットは何といっても時間と労力と、それなりの力量が必要なことです。

私は初めて賃貸した旧自宅を、今でもこの方式で管理しています。それは、入居者の生の声を自分で直接受けとめるので賃貸ニーズを敏感につかむことができ、賃貸業改善にフィードバックできるからです。しかし、それなりに時間とエネルギーはかかりますので、自宅に近い１室だけで実験的に継続しています。

②家主代行

ワンルームの賃貸管理では一般的にこれを利用しているオーナーが多いと思います。空室時の家賃保証以外はほとんどを代行してくれます。毎月家賃の５～７％程度の手数料と、入居時・契約更新時に０・５～１か月の手数料がかかります。会社によっては賃貸期間中に滞納があり、退去時までに回収できなかった場合には、滞納分を保証してくれる所もあります。この滞納保証がない場合には、入居者に個別に滞納保証会社と契約を結んでもらうと安心です。

③家賃保証

毎月家賃の10～15％程度の手数料で、空室時でも家賃を保証してくれます。更新料や礼金は業者の取り分となります。ワンルームマンション販売会社や系列の賃貸会社の場合、建物が賃貸商品として機能する限り、築年に関係なく家賃保証をするのが一般的です。オーナーが代わっても、このシステムを引き継げます。しかし、1度これを外した物件は再度保証システムには組み入れてくれないこともあるので、この点も購入時に売主に確認しましょう。

この形を取った場合、家主が行う仕事は毎月の入金を確認することと、退出時のリフォーム承認をすることくらいで、手間がかからないことが最大のメリットです。しかし、家賃の額は保証されているわけではありませんから、賃料が下がったり、建物全体で空室が増えるとトータル計算により毎月の保証額が減らされることもあると理解しておきましょう。

また、毎月の手数料以外に、家賃保証の免責期間に注意が必要です。空室になったらすぐに家賃保証してくれる会社もありますが、空室になって3か月経過した時点で、市場家賃（それまでの募集賃料ではない点に注意）の8割程度の金額で保証する会社もあります。各社さまざまに設定していますので、事前に条件を確認してから契約することが大切です。

●あなたに適した管理形態はどれか

ここまでは一般的な説明ですが、ここでよく考えてみましょう。ワンルームマンションの販売会社がそこまで家賃保証するからには、企画建築時から十分な賃貸需要の調査を行い、空室率を勘案した上で家賃保証を裏付けているわけです。だとすれば、家賃保証を外してもそれを上回る賃料が確保できる可能性が高いのではないでしょうか。ここに賃貸経営のひとつのヒントが隠されています。

どの管理形態を選ぶか決める際には、実質利回りと自分が取れるリスクのバランスを考えます。最初の１室は「満室か空室か＝１か０か」の丁半博打を避けるため、家賃保証（サブリース）システムを利用するのもいいでしょう。物件数が増え、賃貸管理のノウハウがだんだんわかってきたら、家主代行システムの部屋を追加していけば安全でしょう。

私の場合、最初は自宅を賃貸したので、募集から管理まですべて自分で行いました。自宅を貸すにあたっては、「誰も借りてくれないのでは？」「きちんと家賃を払ってもらえるだろうか？」と不安が後から後から湧き出てきました。ある意味、この物件でいろいろな勉強ができたので、今もこの１室だけは自分で賃貸ニーズに触れるための実験台にしています。

次の物件から数室までは、空室リスクを回避するために家賃保証としました。これで、家賃収入の基盤を確保し、その後の追加物件から効率をアップするため、家主代行システムへと移行していきました。

●賃貸管理システムを利用した裏技

誰でも考えるのが、家賃保証は安心だが、手数料が高いということです。「空室リスクを押さえつつ、手取りを増やす裏技はないか?」と考えます。そのひとつの方法として私は以下のことを実行しています。

各社のシステムを調査すると、ある会社では、家賃保証から家主代行への切替えは2〜3年ごとの契約更新時にのみ可能で、家主代行から家賃保証への切替えは前月までに連絡すれば、いつでも可能となっています。家賃保証の免責期間はありません。保証金額は募集家賃の85%です。これであれば、家主代行で退去連絡があった場合、すぐ家賃保証に切替えれば、従来の家賃の85%でそのまま入金が続きます。次の契約更新時に家主代行へ切替えれば(もちろん空室でなければですが)、入金額は自動的にアップします。しかも、それまで業者が取っていた礼金と更新料もオーナーへ入るようになります。

前オーナーから家賃保証システム権利を引き継いで購入し、次回の契約更新時に家主代行へ切替えれば、家賃は同じでも入金金額を自動的にアップできます。同じ管理会社であれば、空室時は家賃保証へ戻れますので、所有部屋数が少ないときはこの方法で空室リスクを押さえながら買い足していくことで、心配なく部屋数を増やせます。

これは賃貸管理会社よりもオーナーに有利となるシステムの利用方法ですから、積極的には宣伝していません。私は実際に模索しながら物件数が少ないときは、もっぱらこの方法で空室リスクを押さえつつ手取り額をアップしていきました。投資の専門用語で言うと、このような手法は「裁定取引」の一種なのだそうです。

このようなシステムは20年以上前、賃貸市場が今と全く異なり貸手有利だった時にスタートしたのですが、そのルールが途中ではなかなか変えられないため今も残っているのです。私が行っているのは、現在の賃貸市場の状況と家賃保証システムとの隙間に生じた歪みに着眼した方法とも言えそうです。ただし、今後、業界ルールがどのように変わっていくかは分かりませんので、その点も注意が必要です。

●自主管理のプラス面とは

家賃保証や家主代行といった管理方法は、管理会社のシステムへ乗っかり、手間をかけずに賃貸コントロールを行う、いわばアウトソーシング経営といえます。手間がかからない点はいいのですが、管理会社任せのため、特に空室が埋まらなくなった場合、オーナーにできることは、家賃の値下げ、礼金なしなどの指示をする以外は、ただじっと待つだけとなります

これに対し、自主管理のメリットとは、単にアウトソーシング料金が浮き、手取額が増えること以外にも、大きな意義があると実感しています。

まずは空室対策を自分で立てられることです。空室期間が長びくのを実際に経験すると、精神的プレッシャーはかなりのものです。それなら、手間をかけても自分で積極的に空室を埋め

るために動きたくなります。

自主管理をしていると、賃貸ニーズを肌で実感でき、それを満たす部屋にするために自分でリフォームして、その効果を自分で確認するPDCA（Plan Do Check Action）の改善活動サイクルを自分で行うことができます。そのため、私は今でも1室だけを研究・実験・勉強の材料として自主管理しています。たとえば、内見客が入居を決めなかった理由や、見学した後の感想などを聞くことで、どこをどう直せば入居を決めてもらえるかがわかります。まさに、空室改善のヒントの宝庫に自分の身を置くことができるわけです。

最近は借手市場ですから、大家さんのための賃貸ノウハウが本やネットであふれています。そういったメディアから自分が実行可能なものを取り入れ、実践していきます。ただ知識として知っているだけでなく、実践して結果がどうかを実体験することが重要です。入居者入替え時のリフォームについても、壁紙1㎡の単価や工務店さんへお願いする場合の工賃など、自分でやってみると相場観が身につきます。これも、賃貸経営には欠かせない知識です。

また、クレーム処理を自分で受けることで、どの程度の頻度でどのような内容のクレームが入るかも体験でき、管理会社の立場が分かります。実際、クレームの頻度は1室あたり年に1～2回ほどで、騒音などの近隣との人間関係的なものの方が、設備的面よりも多いことが分かるはずです。サラリーマンをやりながらでも、たとえ1室でも可能な範囲でこういった体験データを積んでおくことは、今後の展開にも有益と考えています。

どのくらい内見客があれば入居者が決まるか、といったことも大雑把につかんでおいたほうがいいでしょう。もちろんその時々で違いますが、私の経験から言うと、だいたい５～10人程度の内見があると決まるといった確率のようです。

内見客がないことには始まらないので、私は募集をかけるときは、近所のお馴染みの駅前不動産屋さんと、直近のターミナル駅の賃貸専門全国大型チェーン店の支店の両方へ、鍵を20本以上作って、同時に募集を依頼します。駅前の不動産さんでは、インターネットを使わない、初めての物件探しのお客さんに決まることが多く、大型チェーン店さんからは、かなり目の肥えたお客さんからの話がたくさん入ります。このような傾向を知った上で、適当だと思われる所へ依頼するのがいいでしょう。

●空室対策を考える

自主管理以外のアウトソーシングでは、空室対策としてまず考えられるのは「家賃を下げる」です。その決断をする前に、何人が内見してくれたかを把握しましょう。５人～10人程度の内見がない限りは、よほどの幸運でないと決まらないものなので、その情報を賃貸管理会社から貰ってから作戦を考えるべきです。

アウトソーシングの場合でも可能なのは、家賃のメニュー化です。礼金ゼロにして家賃を３０００円アップする、礼金２か月なら家賃１０００円引きとする、契約更新をしてくれたら更新料を0・5か月おまけする、家賃のうちの管理費の割合を上げて入居者の初期負担を少なくする、敷金・礼金を48か月均等割りで家賃へ上乗せする代わりに事前退去の際にペナルティを設けるなど、賃貸管理会社と共同で作戦を立てましょう。

とかく、お客様である入居者だけに目が行ってしまいがちですが、大切なパートナーである賃貸業者さんにもメリットがあるようにすれば、募集に力が入ることは言うまでもありません。管理費の割合を上げたり礼金ゼロにしたりといった入居者対策をして敷居を下げた分、賃貸業者さんに対してはオーナーが手数料を成功報酬として出したり、成約した場合は担当営業マンへお礼をするなどの配慮も効果があります。

自主管理の場合に限られますが、早期入居を目指すなら、基本は物件に近い業者さんへお願いすることです。私は、前述のように、物件の駅前の不動産と、直近ターミナル駅のいくつかの全国チェーン大手賃貸専門会社の支店へ同時にお願いしています。

大手チェーン店さんは、インターネットの賃貸全国サイトなどへは簡単には掲載せず、何とか自分のところで客を付けようと必死で動いてくれます。一方、地場の駅前不動産屋さんへお願いすると、ご近所のよしみで「しかたがないね。うちで広告を打つか」と、昔なら「週間賃貸住宅情報」などの賃貸情報誌へ、手数料なしで広告を打ってくれました。今ならアットホーム等の全国大規模ネットへの掲載となります。

この時大切なのは、初めから正直に、「鍵を沢山作ってどことどこへもお願い中です」と知らせておくことです。また、すべてに公平均等にお願いするよう気をつけましょう。

●まずは内見客を増やす

入居の第一歩は内見です。お客さんに何としてでも物件を見てもらわないことには、検討のテーブルにも載せてもらえません。そこで、不動産屋さんがお客さんに「是非見てください。」と薦めやすく、お客さんもそれを聞いて「見に行こうかな？」と思うような「材料」を作って、あらかじめ渡しておくと効果的です。

具体的には、物件建物の全体写真、部屋の内装写真、部屋からの眺望写真、物件の特徴（ペット可、屋上に洗濯物干場あり、バイク置場あり、敷地内駐車場あり、など）を盛り込み、物件内装で差別化を狙った設備（シャワートイレ、シャンプードレッサー、浴室ＴＶ、ＴＶインターフォン、浴室乾燥機など）を写真入りで解説した資料を広告チラシ風に1枚にまとめて渡します。サラリーマンの仕事でも、クライアントへ売込みのプレゼンテーションをする際は、あの手この手の宣伝資料を作るのと同じです。

これらは紙と電子媒体の両方で渡します。紙はファイルして店頭においてもらい、電子媒体は、そのお店の賃貸募集のホームページがあれば是非掲載してくれるように頼みます。電子媒体を渡せば手間をかけずに掲載してもらえるので、この差は大きいです。

こういった資料は、沢山の物件を扱っている不動産屋さんには作る暇などありません。お店の方に物件まで撮影に行ってもらうのは、手間と時間がかかって大変です。そこで、まとまった見やすい資料として渡して、本来のマイソク（不動産仲介業者向けに配信される有料の物件情報）の資料などとともにファイルしておいて貰います。お客さんに見てもらえば、内見してもらえる確率は上がります。

その後は、定期的に御用聞きをします。本業のサラリーマン業でも受注のためにはクライアントへの再訪問が必須なのと同様です。一棟ものを含む膨大な物件を扱っている業者さんは個人のワンルームの1室など記憶に残りません。そこで、必ず定期的に「顔出し」をしてオーナーの名前と顔、物件を覚えてもらいます。そうすれば、以後のお客さんへ優先的に紹介してもらえます。内見があって決まらなかった場合は、お客さんが気に入らなかった理由を必ず聞き出すようにします。もし、それが改善できれば入居の可能性は上がります。

私の旧自宅は、日頃の営業活動のおかげで、入居中でも不動産屋さんから、「今、お客さんがいるけど空いていませんか？」と連絡をもらえるまでになりました。入居中でも募集を続けるくらいの心がけでいると、万が一空室になっても次が埋まるまでの期間を短縮できます。

●内見客にアピールするポイント

そして、お客さんが内見に行った際の現場にも手を打っておきます。新築分譲ファミリーマンションのモデルルームを見学したときのイメージを思い出せばよいわけです。お客さんが考えるイメージの良さとは、「ホテル＞分譲マンション＞団地」の順だと考えれば良いでしょう。

・入口にはスリッパを置いておく。
・差別化を狙う設備にはポップや取扱説明書をつけておく。（スーパーの安売りのノリです。）
・巻尺を置いておき、部屋の寸法を確認するために使ってもらう。
・メモ用紙などを置いておく。（アンケートが可能ならなお良い。）
・芳香剤を置くなどして室内の匂い対策をする。
・トイレや、浴室、キッチンなどの清掃をしたら、「消毒済」の張り紙で封印しておく。
・照明での演出をしておく。

これらのきめ細かい対応を、家賃保証や家主代行業者さんで実行しているのを見た経験は残念ながらありません。コスト的にペイしませんから、会社としてのメニューにないのでしょう。だからこそ、個人が自主管理することで差別化できる方法です。ただし、私の場合、その物件が自宅から徒歩3分の隣町にあるために、実行できています。

私が所有しているのは、第一世代3点ユニットタイプなので、将来の賃貸需要に不安があり、その対策が必要だと考えています。その一つとして、外国人の方の募集を行っています。最初は家賃保証の部屋で中国人の方に入居していただき、結果が良かったので、その後、家主代行へと移行しました。そして2年間の実績を踏んだ上で、他の物件でも中国人留学生に入居していただきました。入居時は、通常書類のほか、パスポート、ビザ、学生証、保証人、保証会社との契約をお願いしています。結果的には、入金が今まで1日も遅れたことはありません。

3点ユニットの欠点を補う別のアプローチとして、事務所としてのニーズも探っています。私が所有している三軒茶屋の物件は事務所になっていて、3点ユニットは物置として使用しておられます。この部屋の場合は、いま入居している会社が物件新築以来ずっと入居し続けていること、会社の登記住所もここになっていることを登記簿で確認して購入しました。住所が登記されていれば、簡単には移転しにくいですから、空室リスクが少ないと考えたためです。

借主が法人の場合は、帝国データバンクなどを利用すれば、未上場でもインターネットである程度の信用調査ができます。ただし、法人使用の場合はサラリーマンが毎月の給与から家賃を支払うのとは異なり、会社の業績次第で滞納や家賃交渉が起こりえます。また、退去時の内装修繕等にもリスクが想定されますから、賃貸業者さんに家主代行管理をお願いしています。

●家賃滞納にどう対応するか

賃貸経営の空室に次ぐリスクは滞納です。滞納への対応は、自主管理の場合、必要になりますが、家賃保証や、家主代行で滞納保証会社についてもらっている場合は不要です。

実は、私が初めて賃貸した旧自宅の入居者が、いきなり家賃を2か月滞納して家財道具を残したまま夜逃げしてしまう、という事故がおこりました。その経験から、滞納は起こって当然ということを勉強させてもらいました。この時は募集をかけてくれた地元の駅前不動屋さんが責任を感じて、保証人へ連絡して、家財道具の処分までやって下さいました。通常のビジネスライクな対応では、募集のみではここまでやってくれません。

＊賃貸プロの人を見る目はすごい

私の本業はメカ相手のエンジニアですので、不動産投資を始めるまでは人の信用調査をする必要に迫られることがありませんでした。

実際に賃貸募集をかけていると、不動産屋さんから、「この方、ちょっとどうかな？と思うけれど、お会いになりますか？」と言われることがあります。そういうときは「一応会いますが、私には分かりませんので、不動産屋さんがOKだと思ったらお願いします」と答えています。今までの経験で言うと、こういう場合は不思議なことに、2～3回更新して頂く間に、ご近所との共用部使用でのトラブルが起きたり、他人の旦那さんと同棲を始めてしまいトラブルになるなど、いろいろと問題が発生して退去される場合がありました。

古代中国から伝わる「人相骨相学」ではないですが、やはり人を見るという技術はあるのかもしれません。こういう時、賃貸のプロの方の目はすごいと実感します。

＊敷金ゼロ、礼金ゼロはどうか

「敷金礼金ゼロ」というのは、最近は大手賃貸会社アパートや、ファンド経営のマンションでは当たり前になってしまいました。特に「東京ルール」の普及で、「敷金を預かってもどうせ返すのだから意味がない」という考え方も広まりつつあります。

「敷金礼金ゼロ」は、確かに入居率を上げる効果は大きいように思います。しかし、入居時に数十万円のお金も用意できない入居者が、きちんと滞納せずに家賃を払ってくれるかどうか、という別のリスクも生まれます。入居者確保のためにどうしても実施する場合には、

・滞納保証会社との契約を条件にする
・退去時のリフォームを契約書に明記する
・退去時のリフォーム費用を整備費などの名目で負担してもらう

などを抱き合わせにして、リスクヘッジをすることが必要だと思います。

＊新規入居時に面談し、顔が見える関係を作る

古くさい方法ですが、新規入居時に、手土産を持って入居者にお会いしておくといいでしょう。しかも女性入居者の場合は、夫婦で訪ねておくと、お互い顔が見える関係となり、何かあ

ってても妻に気軽に電話1本で話しやすく、滞納も起こりにくくなります。手土産を持って挨拶に来てくれる大家さんに対して、普通の人なら家賃を踏み倒して荒れた部屋のまま逃げようとは考えないでしょう。（世の中、普通の人だけでもないところが問題ですが……。）

これとは逆に、口座引き落としやカード決済といったシステムを利用して、入居者のうっかりミスによる家賃滞納を防ぐという方法も考えられます。しかし、こういった方法も、口座閉鎖やカード破産に至っている場合は無力です。

＊1日でも遅れたら、即行動する

何事も初動が重要です。**家賃が1日でも遅れたら、すぐに催促のアクションを起こす**必要があります。私の経験でも、**2か月分の滞納が発生してしまうと、まず回収できません。**

滞納があったら、すぐ管理会社から入居者へ連絡して、事情をよく聞きます。必要だと思ったら、この時点で**保証人へも連絡**しておきましょう。入居者が不在であれば、手紙をエントランスのポストでなく、部屋のドアのポストへ入れます。それでも駄目なら**電報を打ちます。**「いまどき電報？」と思われるかもしれませんが、電報なら必ず本人に手渡してもらえますし、受け取った人にとってもインパクトは大きいです。それでも駄目なら、**内容証明郵便で督促状**を本人と保証人の両方へ出します。

ここまでやっても効き目がない場合には、やはり法的手段をとるしかないでしょう。簡易訴訟であれば短期で小額での裁判が可能です。私はここまで行った経験はありません。

管理会社によっては、入居者から直接オーナーの口座へ入金させるシステムになっているので、滞納があった場合はオーナーが管理会社へ連絡してから催促がスタートします。この場合、オーナーから連絡しない限り、管理会社は動きませんから、注意が必要です。

別の管理会社では、入居者が管理会社へ入金した後、翌々月にオーナーの口座へ管理会社が入金するシステムになっています。この場合、オーナーには2か月後にならないと、滞納があったかどうかは分かりません。こういった家主代行システムの会社の場合、入居者には滞納保証会社と契約してもらうのが安全と言えます。

●クレームへの対応をどうするか

＊家賃保証、家主代行の場合

この場合は、管理会社から設備故障の連絡がくるのがほとんどです。（私が持っている20室について、災害や事故連絡は10年間をとおしてゼロでした。）管理会社は修理業者とのマージンで商売をしていますので、どうしても新品に交換する提案をしてくる傾向があります。管理会社の立場としてこれは理解できますが、まずは、正確な現状把握が基本です。

よくあるのが、エアコンが冷えない、給湯器から水しか出ない、などの苦情です。私の経験では、「エアコンが冷えないので交換していいですか？」という連絡は１～２年に１回程度入ります。入居者へのサービス優先ですから「すぐ、メーカーの方に来てもらって現状を把握して連絡をください」とお願いします。ワンルームの入居者は、エアコン掃除などはまずしません。ですから１万円程度をかけて内部を全部清掃すると、問題なく稼動する場合が多いのです。なかにはリモコンが壊れただけ、というのもありました。現場の実態を正確に把握して適切な指示を出せば、無駄な出費は防げます。

その他、備え付けの家具が壊れた、水道栓から水が漏るなど、苦情にもいろいろありますが、現場の写真を携帯デジカメで撮ってメールで送ってもらうのも有効です。新品への交換を指示するのは、基本的に現場の現状が確認できてからだと考えています。それを拒む管理会社でしたら、他社を検討してもいいのではないでしょうか？

無駄な費用出費を抑えるコツは、出張費等で割高となる緊急修理の頻度を極力下げることです。具体的方法は、入居入替リフォーム時に、エアコン清掃、水道パッキン、水洗トイレタンク内のゴム栓故障など、緊急出動が予想されるメンテナンスを工事費用に含めて、予防保全的に済ませてしまうことです。東京ルールが商習慣となっていない地域でしたら、これらを退去時リフォームに含めると、敷金相殺できる可能性もありメリットがあります。

＊自主管理の場合

自主管理の場合にもっとも多いのが近隣クレームです。これは生身の人間が相手の問題ですから大変なのですが、経験的に一番効果的なのが、入居者とその相手の双方を訪問して、それぞれの言い分を客観的に誠意をもって聞くことが基本だと感じています。特に、騒音やマナーなどは主観的要因が大きいので、まずは事実を把握するのが大切だと思います。

エアコンなどの設備が故障したというクレームのほかに、新しい設備をつけてほしいという要求もあります。具体的には、網戸をつけて欲しい、風呂桶が古くなったので交換して欲しいなどがありました。連絡を受けたら、すぐ現場へ急行することが大切です。入居者は不便だから連絡をくれたわけで、賃貸経営の改善のチャンスだと考えるべきです。実態を見せてもらい、お話をうかがって、メリットが大きければオーナー負担ですぐに手配します。場合によっては、費用を折半で負担して退去時はそのまま残してもらうなど、条件を話し合いで決めます。

私の持っているある物件では、空室が埋まらない時があり、ペット可にしたらわずか1週間で入居が付きました。しかし、その後、お隣の部屋にお住いの方から、鳴き声がうるさいとクレームが入り、両方のお宅へ手土産を下げて仲裁に伺ったこともあります。

変わったところでは、同棲相手の男性の奥様から、「お宅の部屋の入居者が、うちの旦那と同棲している」というクレームが入ったケースがありました。これは賃貸とは別の問題ですから、賃貸募集をお願いした不動産会社さんへ話を振らせてもらいました。

このように、自主管理の場合はオーナーが介入すべきかどうか迷うような、思いがけないクレームがあることを覚悟しておく必要もあります。その意味でも、賃貸管理のベテラン営業マンとの連携はかかせません。

私が新米大家さんのころに、こんな事例を経験しました。

初めて旧自宅の賃貸募集をした際、複数の不動産屋さんへお願いしておいたところ、まず地元駅前のA不動産から、入居希望者から契約書が取れたとの連絡がありました。そのため、他へお願いしていた地元業者さんへ募集中止の連絡をしたところ、これも近所のB不動産が、「うちでも契約しそうな見込み客がいるから、すぐ契約させる。物件を預からせてくれ」と譲りません。困ってしまい、A不動産へ相談したところ、「それはおかしい。うちから話をつけてやるよ」と地元同士で解決してくれました。経験の浅い新米大家さんの私は、ひやひやものでした。

以上のように、不動産投資は金額の大小に関わらず、たった1室でも生身の人間との付き合いが始まります。繰り返しになりますが、サラリーマンとしてどこまでリスクを取れるかをわきまえないと、自分が潰れます。しかし、手間がかかるからと家賃保証にして、全部をアウトソーシングした場合には、どうしても実際の賃貸需要ニーズに疎くなりがちです。

また、区分所有1室だけなら、せいぜい月の家賃収入としては数万円程度です。自主管理をした場合、その労力と時間を考えると、総合的にはペイしないかもしれません。しかし、経営・企画・経理・設計・現場職人・営業・渉外・バイヤー・法務など、事業分野のすべてを自分一人の自己責任で思う通りに動かせる醍醐味は、サラリーマンではなかなか体験できません。こういった側面を、自己実現・ゲーム・生きがい、といった感覚で前向きに楽しめ、ある程度時間が割ける人であれば、自主管理も向いているのではないでしょうか?

突き詰めていくと、「不動産が好きである。」これがポイントになると思います。

第６章　出口対策を怠らない

出口とは、その物件の投資を終了して利益を確定することです。

すでにお話ししたように、利益は物件をいくらで購入するかによって、ほとんど決定されてしまいます。「最後のことなので、購入して賃貸経営しながらゆっくり対策を練ろう」と考えても、理論値よりも高く買ってしまった物件を経営努力によって挽回に持っていくことは非常に困難です。

一方で、理論値かそれ以下の価格で購入できれば、ほとんど賃貸経営に手間をかけずとも、出口で楽に利益確定できます。ですから、入口である購入時点で、投資の最終出口である利益確定のイメージを自分なりに決めて、それに見合った買値で購入することが非常に大切です。その理論値を知るためには第３章で紹介したシミュレーションが必要となります。

購入後も、購入時に実施したシミュレーションと、毎年、自分が賃貸経営している物件の賃貸実績とを比較していきます。これにより、シミュレーションを羅針盤として、自分が正しく出口の方向に向かって航海を続けているかどうかチェックできます。

●出口を探るためのシミュレーションの考え方

1．投下資金の回収年数から購入価格を決定する方法

ひとつのやり方として、手取り家賃の累積（累積キャッシュフロー）だけで、投下資金が回収できる時点を出口とする、という考え方をとることができます。

その場合は、まず目標とする年数を決めます。次にシミュレーション表の累積手取り家賃の欄（累積キャッシュフロー欄）を見て、購入時からその年数までの手取り家賃の累積値を読み取ります。この金額が出口ですので、この値で購入することを目標とし、売値との乖離があれば、その値で指値をします。指値がとおって希望の価格で物件が手に入り、予定通りの期間で投下資金を回収してその時点で物件を売却できれば、売却金額が利益となります。

2．目標期限（例えば築30年）を基準として計算する方法

高値で売却しやすい時期を基準に考える方法もあります。

そのためには、物件の売却時点での築年数を考慮し、次の買手にメリットが残ることが必要です。そのポイントを築30年と仮定します。築30年なら、法定減価償却期間が終了する築47年まであと17年を残しているので、次の買手もそれまでに利益確定する時間があり、メリットが

あると考えてくれるでしょう。

購入時には、シミュレーション表で築30年の欄の手取り家賃（累積キャッシュフロー欄）を見ます。これが購入時からその年数までの手取り家賃の累積値です。この値を購入価格とすれば、築30年で投下資金が回収できます。もし、売値との乖離があれば、その値で指値をします。一方、シミュレーション上では、築30年時点での売却価格が利益になりますが、築30年で維持管理がしっかりして、賃貸商品として稼動していれば、その時点での家賃額から算出される利回りに見合った価格で買手がつくと推定されます。

実際に、築30年を経過しているワンルームの区分所有が今現在どのくらいの利回りで取引されているかは、インターネットや取引事例等で確認できますので、参考にされるといいでしょう。

3．インカムゲインのみで利益を確定する方法

投下資金を回収した時点で売却せずに保有し続け、インカムゲインだけで達成する目標利益を決めて購入価格を決定する方法もあります。

その場合は、いつまでに利益をいくら確定したいかを決めます。そして、シミュレーション表のその年数での累積手取り家賃の欄が目標金額に達するまで、買値の値を下げながら入力していきます。それが出口から逆算した買値になります。売値とのあいだに乖離があれば、この

価格で指値をします。この場合の計算上の利益は、投下資金回収後のインカムゲインの累計になり、物件を売却すれば、その価格分が利益に上乗せされることになります。

しかしこの計算の場合、際限なく物件が使用できるという前提になっているので、どんなに古い物件でも利益が確保できることになってしまいます。そこで、保有の限度は、物件の法定減価償却期間が終了する築47年時点までとします。

築47年まで保有する際の目標値は、インカムゲインだけで買値の2倍の累積手取り家賃を得ることとします。シミュレーション表で、築47年の欄を見て、その列の手取り家賃累計（累積キャッシュフロー）の値を読み取り、その2分の1を買値と決めます。さらに、シミュレーション表の築47年時点の「売却＋賃貸総合収益」の欄（インカムゲインとキャピタルゲインの和）の値を読みます。この欄の値が出口でのシミュレーション上での確定利益となります。この計算上の売値は、法定減価償却が終了した価格ですので、実際には、物件が賃貸商品として運用できる状態を保っていて、利回りに見合った価格で売却できれば、その値は法定減価償却後の値より高いと予想されますから、利益は上乗せされると思われます。

現時点の実例として、築後47年経過したワンルームマンションは、まだほとんど存在しないので、いくらで取引されるのかは未知数です。47年前といえば昭和30年代で、ＲＣ構造のファミリーマンション（いわゆる団地）がやっと都心部に建築され始めた時期ですので、この点は今後の検討課題と考えられます。

●実際の物件で出口を考えてみる

それでは、私の実際の運用物件を例にとって見てみましょう（表26、27を参照）。

第1章でご紹介した相模原の物件だと、表面利回りは14・6％で、家賃の下落率が年2％として（都心部ではないため、通常値1％より厳しく設定しています）、16年後の築32年時には、投下した資金（諸費用込み）の回収が終わります。この時点でシミュレーション計算上の売値は331万円（買値から16年間分の建物＋付属設備類の減価償却費を引いた値）に下落し、家賃は4万円に下落していると計算されますから、表面利回り14・5％で売却する計算になります。

この条件で買手がいれば、キャピタルゲインとインカムゲインをあわせて801万円のキャッシュが手元に残ることになり、トータルでの確定利益幅は341万円になります。家賃がさらに利回り10％まで下落していると仮定して計算してみると、家賃2・76万円となります。

このロケーションとこの築年で、将来のこの想定家賃に現実味があるかどうかを、今現在売りに出ている古い物件と比較することで検証してみます。現在、相模原駅から徒歩3分で家賃2万～3万円の物件を探すのは、1970年代に建てられた狭い木造アパートでも難しいですから、将来の築30年の20㎡の分譲型SRC構造マンションとしては、手堅い家賃下落率のシミュレーションとみていいのではないか、というのが私の判断です。理論最低家賃（将来発生するであろうすべての修繕・維持管理費用を考慮に入れても持ち出しにならない家賃額）を計算してみると1・5万円となりますから、2・76万円まで家賃を下げても、毎月確実に利益を積み上げることができます。

さらに継続して保有した場合、築47年時点では家賃2・9万円まで下落することになりますが、理論最低家賃1・5万円よりも上なので、さらに家賃下落に耐えうる余力が残っており、まだ大丈夫です。この時、私の年齢は79歳になっています。万が一、管理組合に関わる義務から解放される目的で、無償で区分所有権を譲渡したとしても、シミュレーション上は849万円のキャッシュが手元に残る計算です。買手が管理状態がよい点を評価してくれれば、ある程度の価格で売却することも期待できます。

表27に示したのが、シミュレーションから割り出した最終的な出口時点でのキャッシュフローと総合平均利回りです。いつの時点で売却するかは分かりませんが、15〜30年のスパンで見ると、4〜5%程度の最終総合平均利回りとなります。購入時の表面利回りが14・6%であっても、レバレッジを効かせない不動産投資の長期所有では、ランニングコストや物件の老朽化、家賃下落、税金等を含めると、シミュレーション上ではこの程度になるわけです。

●最終損益目標を決めておこう

賃貸経営していると毎月家賃が入って来るので、インカムゲインを制限なく追いがちです。

表26　相模原物件の詳細

物件立地	JR横浜線相模原駅より徒歩３分
売出価格	500万円
購入価格	460万円
家賃月額	5.6万円
表面利回り	14.60%
管理費月額	0.62万円
修繕積立金	0.368万円
実質利回り	12.00%
理論最低家賃	1.5万円
	（築60年までの総維持費を月割にした額）
築年	1990年
建築後経過年数	16年
資金回収にかかる年数	16年間
パラメータ	
家賃想定下落率	2%
想定稼働率	90%
トラックレコード	
管理組合積立残高	6000万円（１戸あたり47.2万円）
共用部修繕	未
専有部修繕	2004年に壁・床クロス替え
レントロール	
入居時期	2004年入居
入居者	26歳女性・一部上場小売業支店勤務
契約形態	売仲介者・業者代行
物件共用部情報	
管理人	日勤
オートロック	無
エレベーター	有
階数	13階建
総戸数	127戸

表27　築31年、築47年、築60年の出口シミュレーション

築年数	築31年	築47年	築60年
その時点での自分の年齢	63歳	79歳	92歳
その時点での想定家賃	4.1万円	2.9万円	2.25万円
減価償却した物件価値から算出した想定売値	331万円	251万円	—
想定売値での最終利回り（%）	14.9%	13.9%	—
物件価格から算出した家賃（利回り10%の場合）	2.76万円	2.1万円	—
売却損益（減価償却＋売却税＋仲介手数料）	▲148万円	▲225万円	▲476万円
確定利益（キャピタルゲイン＋インカムゲイン）	341万円	624万円	593万円
手取り家賃累積キャッシュフロー	489万円	849万円	1052万円
売却時の手元に残る現金	312万円	235万円	—
出口時点で手元に残る現金	801万円	1084万円	1052万円
経過年数	16年間	32年間	45年間
最終総合年平均利回り（%）	4.6%	4.2%	2.9%

しかし、シミュレーションからもわかるように、インカムゲイン＋キャピタルゲイン（またはロス）の総和によって決定される最終の総合平均利回りを考えれば、老朽化して下落する物件価値と引き換えに、毎月の家賃を手に入れているとも考えられます。その意味でも、その物件での最終損益目標をあらかじめ設定して出口を考えておく事は重要です。

残念ながら、私の所有する物件では、まだ出口を迎えたものはありません。そこで、第3章でシミュレーションした道玄坂の物件を例にとって戦略を検討してみたいと思います。

最近、都心の一等地でよく売りに出ている、古めで10％程度の利回りという代表的な事例であり、すでに解説したように、売主側からすればうまく出口を迎えられた成功モデルとして見ることができます。

●最適な出口年数とその買値を簡単に見つける方法

この物件を買うとしたら、買手はいくらで買えばいいのでしょうか。

それをさぐるためには、第3章でご紹介したシミュレーションのエクセル表を使い、買値を少しずつ変えて入力しながら、投下資金回収できる年数をその都度探し当ててゆく操作を繰り返せば可能ですが、ちょっと面倒です。これでは、竹の筒から景色を覗き見ているようで、直感的にどの程度の買値にすれば投資期間がどの位になるかを、ざっくりと把握しにくい欠点があります。もっと大局的に方向性を摑む方法はないものでしょうか？

図18　最適な出口と買値を簡単に見つける方法

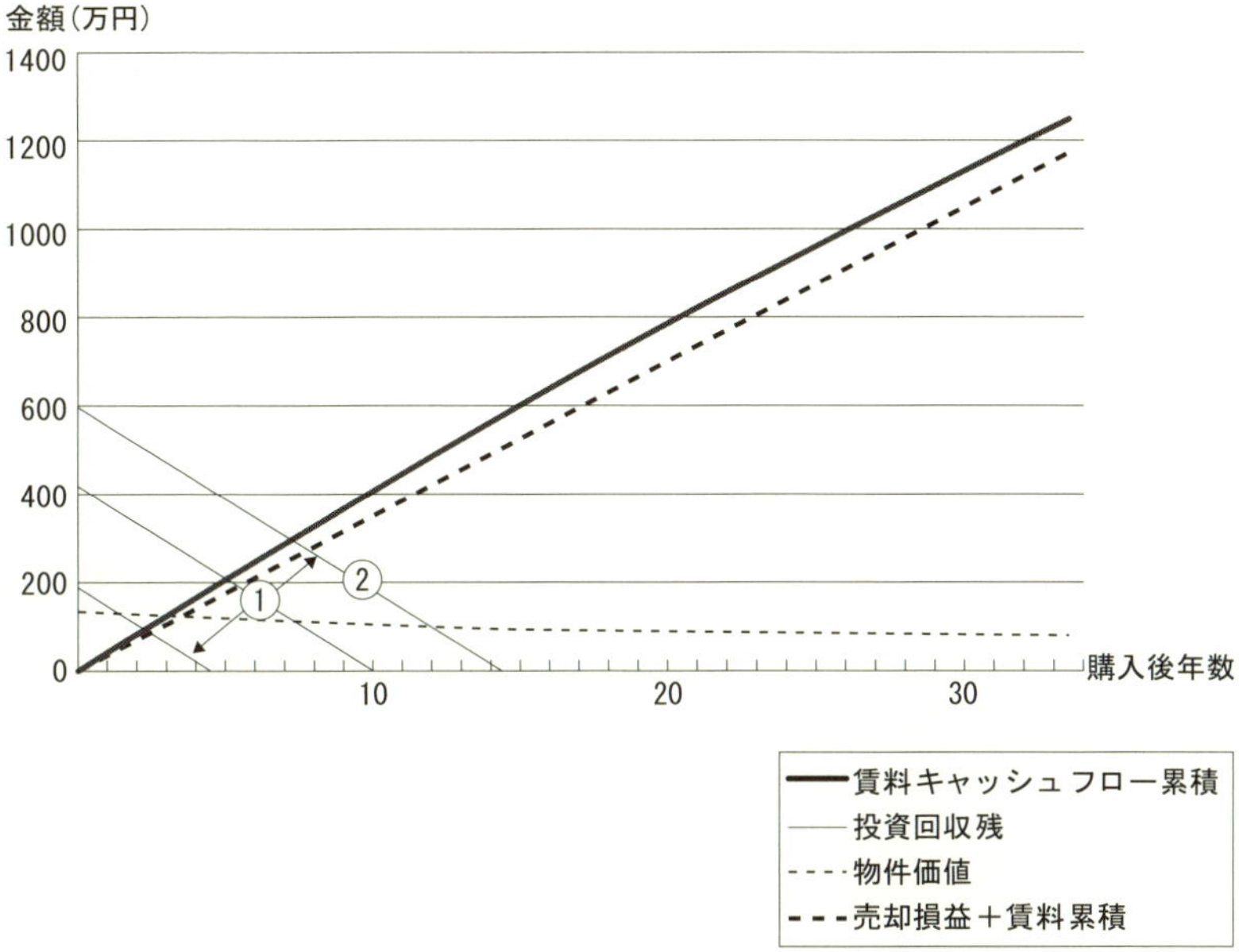

①のラインを平行移動すれば投下資金回収年数と買値が図形的に一目でわかる

そう思って、図18のグラフを作成してみました。「資金回収残」の直線がありますが、縦軸との交点が投下資金、横軸との交点は資金回収年数を表しています。従って、このラインを傾きはそのままとして、図の矢印のように並行移動すれば、縦軸と横軸の交点を読み取ることで、簡単に希望する出口年数を満たす購入価格を幾何学的に解析できます。

いちいちエクセルの細かい表計算数値をいじらなくても、この方法で大まかな値をざっくりと直感的に探って、詳細を表に戻って確認すれば、時間と手間を節約でき、大変便利です。エンジニアの方なら昔使った「計算尺」をイメージできると思います。

このグラフでは①のラインを見れば、11年間で投下資金を回収したい場合は400万円程度で購入する必要があることがわかります。同様にライン②まで平行移動し、投下資金回収を16年まで許容できるなら、買値は600万円程度までアップ可能ということが直感的に分かります。これらの値はシミュレーションに盛り込まれているすべてのランニングコストを含んだ答えとなっています。

●築27年の中古マンションの出口戦略は?

この築27年の物件の買値を探る際に、想定する出口戦略は以下のようになります。

＊築30年時点でインカムゲインによる出口はありえない

まずセオリー通りに築30年で投下資金を回収するためには、いくらで購入したらいいかを計算してみます。すでに築27年を迎えているため、残り期間わずか3年のうちに投下資金を回収する必要があるので、今の家賃から逆算すると140万円程度で購入する必要があります。これでは売値との乖離があまりにも大きく、非現実的です。

築年が古いため、この出口戦略はすでに適用できない物件であることが分かります。

＊築47年時の出口は、物件をいかに高く売却できるか

仮に売値の880万円で物件を購入するとしてみましょう。（第3章のシミュレーショングラフと合わせてご覧下さい）この場合、築47年時にいくらの累積手取り家賃（インカムゲイン）があるかを計算してみると、889万円となります。つまり、法定耐用年数を迎えた時点で、ようやく投下資金をインカムゲインで回収できることになります。ここを出口として売却する場合、利益は売却益だけとなりますから、古い物件をいかに高く売却できるかに成否がかかってきます。

道玄坂の立地であれば、減価償却が終わった築47年の3点ユニット16㎡ワンルーム物件でも、利用価値があると見なされれば500万円以上でも買手はいると思いますが、より高い価格で売却しようとするなら、特別なルートでじっくり構えて探す必要があるでしょう。

＊築60年時の出口は、建替え問題がからむ

一般的にＲＣ構造の寿命といわれている、築60年の出口をシミュレーションしてみます。今から34年後ですので、実際の建物がどうなっているか、賃貸需要がどうなのかは分かりませんので、あくまで計算上になります。累積手取り家賃は１３１４万円、家賃は5万円になっている計算です。シミュレーション上ではインカムゲインだけで３２１万円の利益が確定できることになります。

立地を考えると、管理状態がしっかりしていればこの家賃で需要はあるのではないかと思われます。ただし、この年数まで建替えをせずに建物が残っているかどうかが最大の不確定要素となります。

このように、近年、都心中心部でよく見かける１９７０～８０年代築の古めで表面利回り10％程度の物件の場合、その出口は築年数との兼ね合いに注意する必要があることを、ご理解いただけたと思います。

このような物件は、一般的に中古市場では家賃の利回りに見合った売値がつけられていますので、築年数の割に高目の価格となっています。そのため十分な賃貸商品としての寿命を残した時点では、インカムゲインだけで投下資金を回収することはできません。

そこである程度の年数をかけて家賃収入を貯めたうえ、賃貸商品寿命が残っているうちに、

売却により利益確定するという出口しか選択できないことになります。その場合、今度は高く売却するための手腕が必要になります。

それが難しい場合、さらに継続賃貸してインカムゲインだけで投下資金を回収しようとすると、法定減価償却期間が終了する程度の築年数まで時間がかかってしまい、投下資金の元手は回収できても利益が確定できない状態で、建替えるか、再度売却にチャレンジするかという選択を迫られることになります。

購入を決断する前にシミュレーションを用いてこのあたりを十分計算し、勝算があるかどうか、出口の姿を十分に検討してから投資してください。

第７章　実戦に役立つヒント集

●物件探しに便利なツール

＊D-FAX

今の時代、物件情報をインターネットで得るのがポピュラーになっています。しかし、業者さんの中には、インターネットもメールも使わないというところもまだまだあります。会社としてインフラが整備されていても、この道何十年のベテラン営業マンの中には人脈を駆使するのでインターネットは必要とせず、マイソク情報（不動産仲介業者向けの紙媒体による有料の物件情報網。主にＦＡＸでやり取りされます。）とＦＡＸ、電話一本槍という方もおられます。しかし、かえってこういうところに意外な上流情報が集まっていることもあります。

そういった業者さんからの情報をいち早く受け取りたいと思っても、ＦＡＸの機械は持ち運びができません。そこで、ＦＡＸをメールの添付ファイルとして受け取れるようにすると、モバイルパソコンでいつでもどこでも物件情報をすぐに受信することができます。

D－FAXというサービス（http://www.d-fax.ne.jp）がそれです。相手は普通にFAXを送信するだけ。こちらは普通にメールを受信し、添付ファイルとしてFAXの送信内容を画像ファイルで見られるというものです。データを電子媒体で保管、整理できる点も魅力です。

＊インターネット・人工衛星地図

インターネットで検索すると、マンション周辺の上空からの写真や、ストリートビューでの道路上からの外観写真まで見られます。マンションの多くは都心部に立地するので、ほぼカバーエリアに入っています。（http://maps.google.co.jp）これを使えば、現地調査の前に、物件周辺の情報をかなり知ることができます。街並や広い空地があるかどうか、周辺はビルか木造住宅か、ベランダ面に隣接する建築物との関係や眺望、影の角度と長さから日照までも分かります。また最近では、地図を立体化して見ることができるソフトも無料で手に入ります。（http://earth.google.co.jp）現地へ行く時に、どこを調査すべきか事前にわかっていると、時間や手間が節約でき、短時間に効率よく済ませることができます。

●自前でリフォームをする

自主管理の場合、リフォームを自分で行うという選択肢には賛否両論あります。賃貸商品を素人が修理するのではお客様に失礼だという意見や、自分が直接手を下していたのでは、結局は自分が動ける範囲だけに事業規模が限定される、といった消極論などです。

たしかに、自分でリフォームをする場合、仕上りはプロなみというわけにもいきませんし、時間もとられます。それを承知の上で、私はあえて自主管理の旧自宅１室だけは、研究、実験の意味から自分でリフォームを行っています。自分でリフォームをした場合、以下のような、通常の業者任せの賃貸システムには組み込むことができないメリットがあると考えています。

＊グレードアップしながら募集し、入居者のニーズをさぐる

最小限のリフォームを最短時間で行い、募集をかけます。その後、設備の追加や内装のグレードアップをはかりながら募集を続け、契約が決まった時点でストップします。入居者に満足していただける最小限のリフォームがオーナーにとってのベストとなりますので、最もコストパフォーマンスが良いといえます。

＊お客様のニーズにタイムリーに応える

私の実例でこんなことがありました。ある週末の昼間、内見いただいた若い新婚カップルのお客様が、バランス釜とタイル貼りの浴室を見て、「これって団地みたいでダサい」という正直な感想をもらされたと、賃貸募集の営業マンから情報が入りました。自分でもそう感じてはいたのですが、「なんとか決まるだろう」という甘えがあったところを容赦なく突かれました。

かといって、ユニットバス工事では何十万円の費用と数日間を取られます。

そこで、週末だったのもあり、その日のうちにDIYセンターで大理石調のビニール壁シートを買ってきて、徹夜覚悟で浴室内全体に貼りました。バランス釜はそのままでも、印象は全然違います。念のため自宅の浴室にも一部貼り付けて、耐久性の信頼性試験モニターとしました。翌日、新しいお客さんを内見に案内した賃貸募集の営業マンは、浴室が一夜にして一新されたのを見て、「このマンションは進化するマンションですね!」と驚いていました。

このような場合に、内装工事屋さんに土曜日徹夜の工事をお願いするのは無理というものです。とすれば、翌日、日曜日という絶好の成約のチャンスを逃すことになります。時間のロスをなくすために、こういった対応が有効な場合があります。

*女性の目で見て、意見をもらう

私はリフォーム前に妻と妹に部屋を見せて、欠点を指摘してもらい、そこを重点的に直すようにしています。女性のほうが住居に対して関心が高く、シビアな目をもっているように思います。最近もその意見を生かして、前述の浴室の壁に貼った大理石調のビニールシートを、今度はタイル貼りのキッチンにも応用しました。その結果、26歳の女性に入居頂けました。

賃貸業者が指定している内装会社にまかせきりにしていては、手持ちの在庫材料を使ってのリフォームしかできません。「こういう感じにしたい」というイメージを持っていても、デザインを指示することもできません。

＊最小限のコストで可能になる

和室の障子に木目基調の障子紙を張るだけで、洋室風に様変わりさせることができます。壁クロスはわざわざ剝がして張り替えなくても、汚れた現状のまま上から水性ペンキを塗れば、新品同様に見えます。油性ペンキだとにおいが残りますが、水性であれば無臭ですし、室内ですから耐久性に問題はありません。私の経験では、クロスにペンキを塗った部屋はいやだとはっきりおっしゃる内見者がいた一方、全く意に介さないお客様もおられました。最近各地に出張してホテルに泊まると、この工法を見かけることが多くなってきました。

前述のタイルの上からビニールシールを貼る工法は、私が勤める会社が入っている東京神田の築40年を過ぎた貸ビルのトイレに採用されていますが、見た目もまったく問題がありません。

＊自分で動ける限界を知る

これらの方法はワンルーム賃貸管理業者の標準リフォームメニューには存在しません。商品品質面での責任問題だけでなく、利幅が薄いことも要因のひとつでしょう。

そこで自前のリフォームが有効となるわけですが、自分ひとりが動くため時間と労力にも限界があり、そのコストもただではありません。私は、お客様の声を直接聞いて、自分で確認し、最短時間と最小コストでPDCA（Plan Do Check Action）できる点にメリットを見出しているので、これを実行しています。

しかし、この方式を他の部屋へ拡張するつもりはありません。本来は、自分独自のリフォームネットワークを構築すべきだと思います。自分の時間と労力をそれに当てて、システムができた時点で他の物件にも拡大していきたいと考えています。

●管理組合の財務改善をはかる

前述したように、管理組合の財務状況は、大規模修繕などの際にオーナーの負担額を左右する重要なポイントとなります。財務改善をするには、支出を抑えるか、収入を増やすか、どちらかしかありません。ここでは、財務改善のための収入増加の具体例をご紹介します。

＊携帯電話基地局設置

私は屋上に既設局がある物件を購入しました。当初は、年間約250万円の賃料が管理組合会計に入っていました。その後、設備増設があり、賃料が年間約400万円にアップしました。

周知のように携帯電話業界は成熟産業になりつつあります。電波は有限な資源で免許制なので、技術的、法的に同一エリア内基地局数は既得権に限られ、基地局の新設はわずかになっています。今後は3・5G（第3・5世代）方式、4G（第4世代）方式とシステムアップしていき、同じ場所で既設基地局の設備だけを更新することになるでしょう。

今後の通信基地局の新設の可能性は、Ｗｉ－ＭＡＸ（高速モバイル無線インターネット網）、ギャップフィラー（ディジタル放送の小型中継再送局）などが考えられます。しかし、既設のＰＨＳ基地局の設備入替えなどで、同じ場所で対応している例もあります。これらは小型設備なので、年間賃料は数十万円程度でしょう。

その意味でも、すでに携帯電話基地局がある中古物件は貴重な既得権なので有利と言えます。

＊駐車場の時間貸サブリース

敷地内に駐車場がある中古物件は、その所有権が管理組合にあるか、賃料が組合会計に入っているか、事前調査が重要です。

私の体験例では、購入時は入居者への月極賃貸でしたが、管理会社で検討した結果、空き分を時間貸しした方が有利との提案があり、オーナー組合で承認されました。現在は、時間貸駐車場会社へサブリースして、毎月定額収入が管理組合の口座へ入金されています。ただし時間貸しの場合、月極に比べ機械の稼働率が上がり消耗が激しくなります。その修理代金はすべてオーナーである管理組合持ちですから、管理会社、修繕会社との条件交渉が重要です。

この物件を管理している会社は全国で５万室を管理するほどの規模があり、私が所有する他の物件でも、大変前向きな提案を打ち出しています。中古区分物件を購入する時は、建物管理会社がどのような経営方針をもった会社なのか、事前調査することも重要です。

*自動販売機

敷地内に自動販売機を設置するのが、近年では賃貸経営の常套手段となりました。区分所有でも同じです。私が所有する鶯谷の物件は、財務状況が悪いので、管理会社へお願いして、自販機2台を新設しました。オーナー組合の要望に対し、合理的理由もないのに応じない管理会社であれば、問題があると考えられます。

*コインランドリー

物件内にコインランドリーがある場合、その賃料が管理組合に入金されているかどうか、年間にどのくらいの収入になるのか、事前に調査することが必要になります。

しかし、コインランドリーがあるということは、裏返せば、部屋に洗濯機置き場がないことを意味します。一般に言って、洗濯機置き場のある住戸を希望する入居者が多いので、この場合には安定した賃貸需要があるかどうかという点にも注意が必要となります。

*管理会社の賃貸募集の看板

私の所有している物件では多くの場合、年間3000円の賃料を管理会社から管理組合に貰い、賃貸管理会社の入居者募集の広告看板を物件に掲示しています。多少なりとも管理組合会計の足しになりますし、入居者獲得にも管理会社の宣伝にもつながりますので、一石三鳥だと思います。ぜひオーナー組合で提案してみてください。

●災害リスクと保険

めったに発生しないことですが、「災害リスク」についても補足しておきます。

災害リスクに対しては、区分ごとにオーナーが保険に加入するだけでなく、管理組合としても保険に加入してリスクヘッジしておくのがいいでしょう。オーナーが付保できる部分は専有部分に限られます。マンションには共用部分、共用施設がありますのでその部分に対する保険は管理組合で加入することになります。主なものに、共用部分を対象とした火災、地震保険や施設所有者管理者賠償責任保険があります。詳細は保険のプロに相談されることをお勧めしますが、ここでは区分ならではのトピックスに触れておきます。

＊所有区分間で起こった漏水

私の所有するある物件では、各区分の配水管が上下隔壁を突き抜けて真下の区分内の天井（裏）に配管施工されています。ある部屋で漏水があり、真下の階の天井から大量の水漏れが起こりました。この場合、上階のオーナーの所有する区分外ですからオーナーの保険では対象外となります。この上下階間の漏水は、共用設備の不備もしくはマンション管理者の管理上の不備が原因と判断され、管理組合が施設所有者管理者賠償責任保険に加入していましたので、この事故は共用部の保険で対応されました。

水濡れ事故は入居者の過失でも発生します。この場合、入居者が借家人賠償責任保険に入っていれば保険でカバーできますので、保険加入を入居の条件とすることも有効でしょう。

＊建物内広範囲の火災

一般的に、マンションでの火災は区分を越えて類焼しないので安心と言われています。しかし、専門家の話では、例えば1階部分の広い面積の店舗や駐車場など、建物内広い面積が焼失した場合は、鉄筋コンクリートが火災の高温で「焼きなまし」されてしまい、建物全体として強度が低下するため、外観上は壊れていなくとも取壊して再建築が必要になるそうです。

この場合、管理組合が建替えに合意できるか揉めるでしょうし、理論的にはオーナー全員が「再調達価格」での限度一杯額での保険商品に加入していないと、持出しが生ずることになります。持出しのオーナーは建替えに反対するか、区分所有権を手放すか、自己資金で対処するかの選択となります。その点からも、区分所有の火災は最悪の場合、保険で100％はリスクヘッジできないことを認識しておく必要があります。対策は早期投下資金回収、建物分散投資に限定されます。また、火災保険の特約として家賃保険も付保しておけば、契約で定めてある家賃保障期間を上限として復旧するまでの間の家賃が保障されます。

＊都市部集中豪雨の水害

最近の地球温暖化に伴う都市部の集中豪雨では、都市排水システム設計値以上の豪雨が短時間に集中し洪水になります。こういった災害が予測できる以上、共用部の水没に対する損害が保険対象に含まれることも重要と思います。

＊地震

ワンルームは躯体が蜂の巣のように細かく分かれているので、地震に強いと言われています。昭和56年の建築基準法の耐震基準見直し以降の物件選別が一つの指針です。

地震被害の実例として、私の物件を含め全国5万室を管理する管理会社営業マンの体験では、阪神淡路大震災の際、同社管理物件の中で最大の被害は、躯体クラックの大規模修繕で1オーナーあたり300万円負担が最高金額事例だったそうです。

通常、オーナーは地震被害を火災保険特約でカバーします。保険は「時価」と「新価（再調達価格）」の2種の商品があります。新価で限度一杯に加入しても、地震保険は火災保険金額の50％までしかかけられません。従って、建替えとなるほどのダメージを受けた場合、区分所有の場合、保険だけでリスクヘッジすることは不可能という結論に到ります。理論的には、1

棟もの物件であれば、倒壊した建物を撤去して更地で売却するという選択肢がとれます。区分でのリスクヘッジは、短期投下資金回収、エリア分散、建物分散投資に限定されます。

●老朽化した物件の終焉とは

区分所有の場合、土地の持分はありますが、実質的に個人の自由裁量がないので、物件が老朽化して賃貸商品としての価値が尽きると終焉を迎えます。そのことを認識した上で、区分所有の個人オーナーとしてその前に売却するのかしないのか、売却するならいつ売却するのかを判断する必要があります。物件全体の出口として想定されるのは以下のようなケースです。

ケース1　建替えまで修繕をしながら賃貸し、老朽化した建物を取壊し、更地として土地を売却して、その代金をオーナーで分配する。

管理組合で合意した上で、入居者に退去してもらい（徐々に契約更新時に定期借家契約等へ移行しておく必要があるでしょう）、管理組合の積立金で建物の取壊し工事を行い、更地として土地を売却します。諸費用を差引いた売却代金と積立金の残りを区分所有権の持分比率で分配することになります。こう書くと簡単そうですが、意見調整や手続きなど、しっかりした管理会社のシステムがついていないと実現は難しいと考えられます。

ケース２　建替えまで修繕をしながら賃貸し、土地分の権利を使って建替える。

老朽化した建物を取壊しても、土地は残っていますので、その土地の権利を使って建物を新築します。この場合、元の持分比率で再分配できる部屋数が再建築でき、オーナー全員が自己資金か個人借入れで新築資金を準備できれば比較的やりやすいといえます。しかし、資金を準備できないオーナーがいる場合や、オーナー数に応じた部屋数の建物が再建築できない場合は、一部オーナーの持分を管理組合で買い取る必要があります。あるいは、管理組合全体として、不足資金を土地を担保に借入れて、それを新たな持分比率に応じて管理費から返済することも必要になるかもしれません。

他に、物件全体を管理会社などに一旦買取ってもらい、物理的な区分持分ではなく、１口単位のパートナーシップ持分システムとして再スタートする方法もあるかもしれません。この方法なら、各オーナーの資金力に応じて柔軟に口数を選択できますし、全体で資金が不足すれば新たな投資家を共同出資パートナーに加えて、１人あたりの負担を軽減できます。

ただし、個人投資家の集団である管理組合だけでは不可能で、価値ある賃貸商品を作り出せるシステムとノウハウを持っている管理会社がついていないと実現は難しいと考えられます。

ケース３　建替えまで修繕をしながら賃貸し、管理組合が物件全体をオーナーチェンジで第三者（マンション会社や、不動産ファンド）へ売却する。

建替えという、手間と時間と追加投資が必要な手続きを回避するため、管理組合全体が合意できれば、土地と建物全体をリスクを承知で安く買取る、個人・法人や不動産ファンドへ丸ごと売却する方法も考えられます。諸費用を差引いた売却代金は各オーナーの区分持分に応じて分配することになります。

この場合も不動産取引に精通したプロの管理会社の介在が必須になるでしょう。

終章

筆者は「ものづくり」のプロである製造業、中でも「電子立国ニッポン」の国際競争力を支えていると自負する電気メーカーの設計エンジニアです。「電気業界のサラリーは安いが仕事の面白さでそれをカバーできる」という大学時代の恩師の言葉に励まされ、この世界へ足を踏み入れました。

わが電気業界は、世界トップクラスの国際競争力で日本の産業を支える一つでありますが、その競争力を維持するために、利益からサラリーへ回せる金額は限界があり、例えば金融、保険業界等との給与格差は歴然としています。

また、特に2000年代は、どのメーカーも大規模なリストラが行われ、働き盛りの優秀なエンジニアが大量に職を失いました。本の中にも書きましたが、私自身も、大好きな専門技術者としての職をリストラにより一度失いました。

最近、学生の理工系離れ、ものづくりの敬遠が著しいと言われています。歳を重ねるうちに技術者から管理・経営側へ軸足を移さない限り人生後半の年収が伸びない、昇進・昇格に限界がある、成果が直接売上などにつながらないため評価されにくい、現役寿命が短い、など、理由は色々あるようです。また、大規模なリストラを目の当たりにして、有望な若者がエンジニアという職業を敬遠してしまうことを最も危惧しております。

職業に貴賤なしといいますが、どの職業も世の中の役に立つという点で、素晴らしいことは事実です。いずれも楽な仕事ではありませんが、楽しい仕事はきっとあるでしょう。しかし、世の中にお金の儲かる仕事と、そうでない仕事があることは確かです。

また、職種や業界に限らず、今の時代はサラリーだけの収入に頼るのはあまりにリスキーです。それに、自己実現・社会貢献と、生活の糧が必ずしもイコールとはなりえないため、これらを分離し、多角化する必要性を痛感しました。

この問題点を解決するためには、本業としてのサラリーマンを続けながら、もうひとつの収入の道として投資をする、というやり方がいちばん現実的でリスクが少ないと考えました。

そのために選んだのが、中古マンション投資です。

実際、私もリストラで職を失ったものの、生活資金を投資で補うことで、同じものづくりの世界にカムバックでき、今まで積上げてきた自分の専門技術を生かせています。いわば、この方法によって、「ものづくり」「電子立国ニッポン」を支える若いエンジニアの皆さんが、安心して才能を発揮できる専門技術の職業にエネルギーを注ぎ、手腕を発揮して頂きたいという願いも込めてこの本を書きました。

もう一つは、人生の先輩にあたる団塊世代の皆様にも、保有している預金などを有効に生かして、公的年金以外での収入の柱を築いていくためのヒントになればとも考えました。団塊世代の諸先輩がたは、働き盛りを迎えた時期が日本経済のピークとシンクロし、多くの蓄えを残しておられますので、ぜひそれを有効利用していただきたいと思っております。

ちょうどその中間の世代にあたる私と同年代の皆さんは、マイホーム購入のタイミングとなる就職後10年程度の時期が、偶然バブルのピークと重なり、高い家を買わざるをえませんでした。さらにその10年後、人生で最も充実すべき40歳代で、住み替えとマイホーム担保割れのローン地獄、リストラによる収入激減のダブルパンチを受けた方も多いと思います。

若い年代の方々のように大胆な冒険は既にできない歳です。従来どおりに考えれば、ちょうどこれから年収が伸びるという年齢に達した時、年功序列型賃金制度の崩壊と、リストラの嵐に遭いました。つまり、人生のピーク期に社会ルールが激変し、年金も大きく減額される最初の世代になります。

そのためでしょうか、年金だけでは老後の生活が不安だというので、私の周りでもマンション投資をしている方がおられますが、大丈夫だろうか？と心配になるような条件で始めているケースも見受けられます。勉強なしでいきなり投資をはじめるのが危険であることは、私の失敗例でご紹介したとおりです。マンション投資でだれも失敗しないように！という願いをこめて、個人投資家としての実体験を赤裸々に書かせていただきました。

しかし、決してワンルームマンション投資、不動産投資がすべてと言っているわけではありません。たまたま私が選んだ方法を参考にして、ご自身の投資スタイルの確立に生かしてもらえればと考えた次第です。

ニッポンも、お金持ち国家になったわけですから、身一つで働き稼ぐだけのスタイルから、勤労と投資の両方で稼ぐライフスタイルへ移行していくことが潮流になると感じています。そのためには個々人がそれぞれのレベルから経験を積んでいくことが必要だと思います。

私個人の例で恐縮ですが、リストラされた私の「ものづくり」技術も、きっと中国等の海外で働いたほうが活かせるチャンスは多いのでしょう。嵐で川が氾濫すれば、堰が崩れて流れが大きく変わります。その例え通り、国際化の嵐で、国境という堰が崩れて、製造業でのお金の流れの主流は、日本をそれて、中国に移っている事は周知のとおりです。魚の居なくなった場所で、いくら汗水流しても漁獲はないのです。

しかし、まだ就学期の子供や在宅老親介護を抱えた身では、自分個人の自己実現やお金稼ぎだけのために、独身時代のようにこの身を海外へ飛ばすわけにはゆきません。だとすれば、自分自身を家族皆の幸福と自分の人生観・自己実現のニュートラルポジションに置いて、投資したお金に自分の身代わりになってもらい、不動産に姿を変えたり、海外へ飛んだりして、形と場所を自由に変えて働いてもらうのが最適と考えました。

この自分の姿を改めて客観的に眺めてみると、「モノ」の輸出国から、「資本」と「技術」の輸出国への変身に迫られた、成熟国「ニッポン」の縮図のように思えてなりません。

最後に断っておきますと、私の投資法は借入れをしないスタイルをとっているため、一般的には不動産投資のひとつの核と考えられている融資の引出について言及していません。また、ハードウェアとしての建物の構造について、さらに税金についてもあえて触れておりません。

特に、不動産投資と税金は切り離せない関係ですが、筆者程度の規模では、まずは安定的なキャッシュフローの創出に注力すべきと考えています。投資を進めるうちに自然のなりゆきとして、簿記や税金対策は必要になるものと思います。

不動産投資の状況は、2004年以降、再び急変しています。この原稿を書いている最中も、都心中古マンション市場には収益還元法では買えない物件が急増しています。読者の皆様とともに、セミナーやネットを通じてさらに研究を重ねて行きたいと考えています。


最後に、本書執筆に終始お世話になりました沢孝史さん、お宝不動産公式ホームページで暖かいご支援を頂いたファーストロジックの坂口直大さん、コラム作成で大変お世話になった三田ゆきさん。出版のチャンスを下さった、筑摩書房の磯部知子編集長、そして、お宝不動産セミナーにご参加頂きました皆様に心からお礼を申し上げます。

読者の皆様の成功と幸福な人生を心からお祈りいたします。


（完）

芦沢　晃（あしざわ　あきら）
1958年　借家住まいのサラリーマン家庭に生まれる。
1983年　都内某大学大学院で電気工学を専攻後、電気メーカーへ入社。
　　　　新製品開発・設計、新規事業プロジェクトの実務を担当。
1989年　自宅中古マンションをローンで購入。
1995年　住替えしようとするが、担保割れで売却不能に。
　　　　自宅の賃貸をきっかけに、手探りの不動産投資をスタート。
　　　　その後、中古賃貸マンションを１部屋ずつこつこつ投資する。
2004年　課長職を最後にリストラにより46歳で指名解雇。
現在は、某電気メーカーにエンジニアとして勤務する現役サラリーマン。
　　　　都心・京浜地区を中心に地方中核都市を含め、賃貸マンション
　　　　20室を運営。
　　　　手取り家賃収入は年間約1000万円。

©まる

お宝不動産公式ホームページ　http://www.otakarafudousan.com

お宝不動産セミナーブック
サラリーマン大家さんが本音で語る

中古マンション投資の極意

2007年4月25日　第1刷発行
2009年7月20日　第3刷発行

著者——芦沢 晃

発行者——菊池明郎

発行所——株式会社筑摩書房
東京都台東区蔵前2-5-3　郵便番号111-8755　振替00160-8-4123

印刷——中央精版印刷

製本——中央精版印刷

ISBN978-4-480-86378-2 C0034

◉筑摩書房の本◉

「お宝不動産」で金持ちになる！
サラリーマンでもできる不動産投資入門
沢孝史

お宝不動産とは、確実に収益を生みつづける価値ある賃貸物件のこと。よい物件の見分け方、情報の入手法、資金調達の裏技など、不動産投資のノウハウを一挙公開。

不動産投資を始める前に読む本
お宝不動産を手に入れよう
沢孝史

不動産投資は後からの修正がむずかしい。確実に儲かるお宝不動産をめざして「リスクとリターンの読み方」を覚えよう。読者からの相談「お宝不動産Q＆A」も収録。

金持ち父さん　貧乏父さん
アメリカの金持ちが教えてくれるお金の哲学
ロバート・キヨサキ
シャロン・レクター
白根美保子訳

お金の力を正しく知って味方にすれば、自由で豊かな人生が手に入る。起業家時代の子供たちに伝えておきたい知恵と知識を楽しく説いたベスト＆ロングセラー。

金持ち父さんのアドバイザーシリーズ
不動産投資のＡＢＣ
物件管理が新たな利益を作り出す
ケン・マクロイ
ロバート・キヨサキ(まえがき)
井上純子訳

本物の不動産のプロが贈る不動産投資のアドバイス。目標の立て方、物件の絞り込みと評価、買値の交渉、物件管理など、まずは大事なポイントを押さえよう。

安心マンション50のポイント
プロが教える見分け方
竹島清

耐震偽装、構造欠陥、危ないグレードダウン……入居後に後悔しないために、マンションを見る目を養おう！　図面、基礎、建具、外装など見るべき50項目を伝授。